ITALIAN TEXTS

Understanding the mafia

MANCHESTER
UNIVERSITY PRESS

ITALIAN TEXTS

general editor   Professor David Robey, Department of Italian Studies,
                    University of Manchester
founding editor Kathleen Speight

The Italian Texts series aims to make accessible to university and sixth-form students a wide range of modern writing, both literary and non-literary. The emphasis is on 20th-century texts in a variety of registers and voices, with a special interest in the relationship to Italian society and politics. In line with contemporary conceptions of Italian studies, the texts are chosen not only as an introduction to creative writing, but also as an introduction to the study of modern Italy. All texts are accompanied by a critical introduction in English, which sets the material in its social and cultural contexts, and by notes that elucidate the more complex linguistic constructions, as well as by an extensive vocabulary

currently available:

The Italian Resistance an anthology
    ed. Philip Cooke

Understanding the mafia
    ed. Joseph Farrell

Pirandello *Three Plays: Enrico IV, Sei personaggi in cerca d'autore* and *La giara*
    ed. Felicity Firth

Fo *Morte accidentale di un anarchico*
    ed. Jennifer Lorch

Italian journalism: a critical anthology
    ed. Robert Lumley

Pirandello *Novelle per un anno: an anthology*
    ed. C. A. MacCormick

Novelle del novecento: an anthology
    ed. Brian Maloney

Silone *Fontamara*
    ed. Judy Rawson

Pavese *La luna e i falò*
    ed. Doug Thompson

Italian women writing
    ed. Sharon Wood

Understanding the mafia

edited with introduction, notes and vocabulary by
Joseph Farrell

Manchester University Press
Manchester and New York

distributed exclusively in the USA by St. Martin's Press

Published by Manchester University Press
Oxford Road, Manchester M13 9NR, England
and Room 400, 175 Fifth Avenue, New York, NY 10010, USA

Distributed exclusively in the USA by
St. Martin's Press, Inc., 175 Fifth Avenue, New York, NY 10010, USA

Distributed exclusively in the Canada by
UBC Press, University of British Columbia, 6344 Memorial Road,
Vancouver, BC, Canada V6T 1Z2

British Library Cataloguing-in-Publication Data
A catalogue record is available from the British Library

Library of Congress Cataloging-in-Publication Data
Understanding the Mafia / Joseph Farrell.
        p.   c.m. — (Italian texts)
     ISBN 0-7190-5171-1 (cloth) — ISBN 0-7190-4900-8 (pbk)
     1. Mafia—Italy. I. Title. II. Series: Italian texts.
     HV6453.I83M3354   1997
     364.1'06'0945—dc21   97-12985

ISBN 0 7190 5171 1 *hardback*
ISBN 0 7190 4900 8 *paperback*

First published 1997

01   00   99   98   97   10   9   8   7   6   5   4   3   2   1

Typeset in Times
by Koinonia, Manchester
Printed in Great Britain
by Bell & Bain Ltd, Glasgow

Contents

For Francis and Catriona

Acknowledgements

I would like to express my gratitude to the publishers and writers who have permitted the use of copyright material. I owe a special debt of gratitude to Umberto Santino and Anna Puglisi, founders and curators of the *Centro siciliano di documentazione 'Giuseppe Impastato'*, for the use of their excellent archive, as well as for their generous encouragement and hospitality. I am, as ever, grateful to Sharon Wood, for her help on every front.

Introduction

To the despair of Sicilians, the very name Sicily is, universally and inevitably, associated not with the island's rich literary tradition, unique historical legacy or beauty of landscape but with crime and the mafia. The word has been adopted by all Western languages as a synonym for every kind of cabal, coterie or clique and for all manner of underhand dealings and shady enterprises. Anywhere one group exercises power by devious means, in a society as large as the ex-Soviet Union or as tiny as a village council, it will be termed a mafia.

The injustice from the Sicilian perspective lies not in the basic assertion of mafia power in the island, but in the more pernicious belief that mafia and Sicily are synonymous. The notion was always unjust to the majority of Sicilians, and the activities of Sicilian investigators in the 1980s – most notably of the assassinated magistrates Rocco Chinnici, Giovanni Falcone and Paolo Borsellino – have definitively given it the lie. The mafia operates inside Sicilian society, but it is an autonomous structure with its own precise contours, rules, structures and codes. The history of the mafia is not the history of Sicily. It can be added that while the mafia is associated with the culture of Sicily, it could never have attained power and prominence without the collusion of totally respectable forces at high levels of government, in Rome even more than inside Sicily.

However, anyone new to the study of the mafia cannot fail to be dismayed by the manifold disputes between experts over points of interpretation, and by the extent to which tiny differences between seemingly similar and compatible opinions will be routinely exaggerated. The mafia is undoubtedly a complex, mysterious, multi-faceted phenomenon, whose understanding requires a combination of the crafts of the historian, anthropologist, psychologist, sociologist, economist, political scientist and cultural historian, but it often seems to the outsider that any specific or detailed assertion will inevitably be met by an equally convincing, equally convinced, contradiction. At times, there appear to be gangs of professors, researchers, scholars and professional mafiologists engaged in dismissing each other's views with a virulence which apes the violence of the mafia *cosche* they study and supposedly oppose.

The disputed questions are legion. When did the mafia emerge? What is the origin of the word? Is the mafia an organisation, perhaps with a

1

centralised control, or something more nebulous, such as a culture or code of behaviour? What is its relationship to the history and culture which are specific to Sicily, and at what point does a concentration on that culture deteriorate into the chauvinistic bad faith which has come to be called *sicilianismo*? How central to mafia power is the recourse to violence? Is the mafia a State within the State, or an alternative to the State? Was there ever a 'good' mafia which has subsequently degenerated into the present barbaric gangsterism? Is the mafia a symptom of underdevelopment, or a proof of hyperdevelopment? What is the relationship of the mafia to the territory on which it has grown? Is the mafia of its essence a defence of ruling class privilege, or a movement of revolt by the oppressed and alienated? Is mafia simply a more brutal form of capitalism? Is the contemporary financial or entrepreneurial mafia (and the choice of adjective will put the speaker into one of two warring camps) essentially different from its predecessors, or was the mafia always an industry whose business was enrichment through intimidation? What is the ultimate essence of the mafia, and wherein does it differ from other forms of criminality?

These, and others, are hotly debated topics, and people who may choose to align themselves with one definite point of view will find themselves the object not of mild disagreement, but of the derision and contempt of those whose views differ. To complicate matters further, there are now revisionist writers who take issue with the left-wing ideological stance which they see as lying, however unwittingly, behind the analyses of their predecessors.

It should be stated from the outset that the extracts in this anthology were not chosen in accordance with the beliefs of any one school or outlook, but simply to clarify as many aspects of mafia life and conduct as is feasible within the compass of a short book. The writers highlighted frequently disagree with one another.

The formation of 'Il sentire mafioso'

In any recognisable form, the mafia began to emerge towards the middle of the last century, but if the mafia as a structure is a comparatively recent phenomenon, its origins lie deep in Sicilian history and culture. Cultural factors are not of themselves sufficient to explain the existence and persistence of the mafia, but even those observers, such as the historian Salvatore Lupo, who are most averse to emphasising such elements, accept that they play their part in explaining why that form of criminal activity known as *mafia* should have developed in Sicily.

'Un'isola non abbastanza isola', wrote Giuseppe Antonio Borgese, describing Sicily in his celebrated essay on the island for the *Touring Club Italiano* in 1933.[1] Throughout its history Sicily has been a land dominated by invaders, conquerors and forces from elsewhere. As the Prince of Salina in *Il gattopardo* expressed it to Chevalley, the envoy of the newly united Kingdom of Italy, in consequence of its history Sicily became the home of civilisations which, however 'magnificent' in themselves, were imposed by outsiders and not developed by Sicilians. 'Da duemilacinque-cento anni, siamo colonia',[2] explains the Prince, with colonial masters ranging from the Carthaginians and Greeks in ancient times to the Span-iards, the British and the Neapolitan Bourbons in modern times. The colonial condition exacts its own price, even in a land like Sicily where the aristocracy at least maintained its privileges and was allowed to share in government. The situation in which the inhabitants of a region are treated as subjects, whose consent to government is neither sought nor valued, engenders a complex of politically ambivalent attitudes towards the exercise of power, towards law, towards the authority which makes law – the State – and towards the very idea of juridical justice. Those subject to the law but excluded from the process of government and legislation come to form an alienated mass, for whom all laws, always and every-where, are an unjust imposition by a ruling body serving only its own sectional interests and not those of the wider community. The State, in this view, is not an all-embracing, civic and civilising forum governed by an agreed social contract, but a hostile force, devoid of any justification other than brute strength, which the individual can reject as intrinsically inimi-cal to his own interests.

This distrust of the State, and the heightened individualism which is its obverse face, is the characteristic of the native culture which Sicilian writers, in their unending fascination with the factors which make Sicily what it is, most frequently highlight. For Leonardo Sciascia, echoing Pirandello, the Sicilian is marked by an 'individualismo esasperato',[3] is incorporated with difficulty into any social space. Even such sterner social scientists as Diego Gambetta and Raimondo Catanzaro identify a lack of *fiducia* in social life as one of the defining characteristics of the wider culture of the island.[4] They too locate the origin of such attitudes not in any genetic DNA or ethnic trait, but in history, specifically in the legacy of the age-old Spanish domination of the island.

An analysis of Sicilian culture would require a multi-volume work (an abbreviated version has been provided in Sebastiano Aglianò's brilliant monograph),[5] and any attempt at summarised synthesis risks tumbling into caricature. However, in full awareness of the dangers, it can be said that the Sicilian belief system includes, in more or less inchoate form, a visceral distrust of judicial systems and their agents, a belief that the

3

meting out of justice is a matter for the individual and not for the body politic, a dedication to *omertà*, a cult of the family, an all-pervading belief in the supremacy of the personal dimension over the impersonal forces of law or bureaucracy, the reliance on *clientelismo*, the prominence of certain ideals, such as those relating to family, friendship and honour.

Nothing is of greater significance than the distrust of the body politic itself. Known historically as an agent of oppression, no government in Sicily was ever likely to command that 'monopoly of violence' which sociologists from Durkheim and Weber onwards have seen as one of the defining characteristics of the modern state. 'Traditionally, a Sicilian has a personal sense of justice. If a "man of honour" is wronged, it is up to him to redress that wrong personally. He does not go to the judicial machinery of the State', writes the Italo-American mafioso, Joe Bonanno, in his autobiography.[6] Bonanno's words have a special cogency in this context, not because he was himself a mafia godfather and head of one of the 'five families' which dominated crime in New York, but because he was a native of the Sicilian town of Castellammare del Golfo and belonged to a family of *mafiosi* which had featured in magistrates' reports generation after generation. The same attitude was given more polished expression by Leonardo Sciascia in his account, in his novel *Il giorno della civetta*, of the interrogation of the mafia boss, don Mariano Arena, by Captain Bellodi. Bellodi sees in don Mariano 'una massa irredenta di energia umana', and appreciates that in the historical imagination of such a man, the law and the State had never been presented as rational constructions, but only as oppressive forces which exacted taxes and imposed arbitrary, partial measures. In consequence, Bellodi concludes, in a phrase which became proverbial, 'la famiglia è lo stato del siciliano'.[7]

In Sicily, Sciascia implies, the popular legitimacy denied the State was accorded to the family. The historical experience of conquest made it natural to trust only one's own people, those with whom blood kinship or close friendships gave affinities which could not be extended to the wider body politic. In a much discussed work, the sociologist Edward Blanfield coined the phrase 'amoral familism'[8] to denote the ethos dominant in the whole *Mezzogiorno* (southern Italy), including Sicily. His experiences in the villages of Montegrano led him to conclude that in the south of Italy, the urge to advance the interests of the immediate family and those associated with it overrode every other consideration, moral or political. The notion of a wider public domain was, he found, defective, leaving the public sphere as an arena for untrammelled competition and intrigue.

In particular, the idea that the public domain of State activity should be ruled by purely impersonal, objective criteria never took root, making it possible for the phenomenon of *clientelismo* to develop. *Clientelismo* is a

4

system of patronage or nepotism, involving the formation of surrogate or virtual 'families' of people dependent on one charismatic or highly placed person who saw to the protection and advancement of those reliant on him.

This refusal of an impersonal public order and distrust of the State are indispensable premises to any discussion of the idea of *omertà*. Since Leopoldo Franchetti[9] in 1876, observers have agreed both that *omertà* constitutes an intrinsic and indispensable part of the cultural baggage of the *mafioso*, and that widespread public compliance with its demands has made police action against the mafia difficult. Giuseppe Pitrè was the first to assert that the word derived from the Latin *homo*, making *omertà* a synonym for 'manliness'. However, nothing being certain in this field, the derivation and hence the connotations of *omertà* have been disputed. Paolo Pezzino believes that the word is a Sicilian corruption of '*umiltà*', and hence is the code not of the haughty defiance but of cravenness. This interpretation makes *omertà* not a cultural norm accepted by a whole people, but a style of conduct imposed and maintained by fear alone. Pezzino goes on to debunk the high associations of Pitrè's etymology, writing, 'la mia tesi è che i codici d'onore, nella loro effettiva valenza storica, siano componenti essenziali di associazioni criminali, nate originariamente a stretto contatto con le realtà carcerarie, e diffusesi poi secondo modelli ripresi dalle società segrete dell'epoca'.[10]

Whether chivalric or criminal in origin, *omertà* represents the iron code of silence, the code of non-compliance with the authorities whatever the cost. *Omertà* meant that victims were not entitled to seek from organs of the state redress for wrongs suffered, and were debarred from assisting policemen or magistrates in investigations. At its extreme, it led to innocent men who had been wrongly charged serving prison sentences for crimes they did not commit, even when the identity of the criminal was known to them. Plainly, *omertà* was shored up, more especially in recent times, by fear of reprisal, but the refusal to collaborate with the authorities was not dictated by force alone. Its hold was illustrated in a dialect poem by the Catanian playwright Nino Martoglio, who lived in a city then free from mafia influence. In a sonnet, he depicts two accomplices listening outside the door of a hospital room where their comrade is dying from wounds. The dying man is asked about his injuries and about the identity of those who inflicted them, but to the delight of the listeners, he refuses to divulge any information: 'A giustizia se campo, ju stisso 'a fazzu, nun parru'. (If I live, I will do my own justice. I will not talk.) This attitude draws from two of the highest compliments: 'Bravu! E' giuvini d'onuri!' (Bravo! He is a man of honour).

The very title *uomo d'onore*, the only style by which *mafiosi* will refer to each other, is another sign of the endurance of old cultural norms, even if in the mafia, as Umberto Santino points out, inherited codes of belief and conduct are subject to the conflicting processes of preservation and transformation. The transformation of the code of honour is more striking than its preservation. The demands of honour are deeply ingrained in the Mediterranean male ego, or super-ego, but perhaps, as the extract from Pino Arlacchi in this anthology implies, they were more honoured in the breach. 'L'onore' was always an idiosyncratic notion which did not necessarily entail respect for the weak, much less the observance of agreed, unwritten laws towards one's equals, or indeed any overall standard of conduct. In mafia usage, honour does not address sexual norms, nor does it lay down the obligation to avenge acts of conjugal infidelity which the popular imagination regards as standard Sicilian practice, and which lies behind such disparate works of Sicilian literature as Verga's *Cavalleria rusticana* or Pirandello's more ironic *Berretto a sonagli.*

Honour does not flow from some imprecise inner sense of self. To be of value, self-esteem required to be incarnated in public display. Honour is identified with status, prestige, power and the acquisition of influence which is a consequence of wealth. It is a very concrete quality, judged by material standards, as is made clear by Catanzaro's acute analysis of 'la terra come fonte dell'onore'.[11]There are no rights of succession, for honour was not a status conferred by birth, but one which had to be won by the individual. This code of honour sanctioned the quest for wealth and power, always the prime objectives of the *mafioso*. The mafia was never a knightly body concerned with the defence of Sicilian interests against conquerors, or the defence of the weak against the predatory strong; as Sciascia's trenchant definition of the mafia underlines, mafia crime is of its essence economic, whose only aim is the enrichment and empowerment of the individual and his 'family'. In the mafia, honour and success are inseparable.

L'industria dalla violenza

In his magisterial study of Sicilian life published in 1876, Leopoldo Franchetti wrote with evident dismay of what he termed 'un'industria della violenza', which was active in the island, principally in Palermo and its environs. This judgement on the existence of a culture of violence in nineteenth-century Sicily has never been seriously challenged. Not all this violence, then or now, can be regarded as mafia-inspired, nor did the ready recourse to violence originate with the mafia.

Mafia violence is far removed both from expressions of an aggressive instinct and from random outbreaks of unaccountable vandalism. The violence to which Franchetti drew attention was employed methodically in the furtherance of policy and for the establishment of a basis of power. All power is ultimately founded on the possibility of the use of force, or violence, but in well structured, advanced societies this potential is masked in day-to-day living. For Max Weber,[12] authority is founded on sources which he defined as 'rational, traditional or charismatic', where the rational or traditional elements provide an adequate framework for normal circumstances, and the appeal of the charismatic individual is felt only in times of turbulence when the centre no longer holds. What appalled Franchetti was the realisation that in Sicily in the 1870s, power was still founded on the primitive threat of recourse to force: 'Se si va a ricercare il primo fondamento dell'influenza di chi ha un potere reale, lo si trova inevitabilmente nel fatto o nella fama che quella tale persona ha possibilità, direttamente o per mezzo di terzi, di usare violenza'.[13] Henner Hess, writing later but referring to an earlier period, concurred: 'La violenza fisica fu, fino al 1812, lo strumento legale per mantenere la posizione del ceto dominante.'[14] Antonino Cutrera, writing in 1900, spoke of the willingness of the *picciotti* of his time to kill on orders from his *capo* or as a means of gaining prestige;[15] Anton Blok, studying one particular Sicilian village, recorded the incidence of internecine warfare between rival groups over the course of the century from 1860 to 1960 for the possession of lands or the award of rent rights.[16] Contemporary historians like Denis Mack Smith, Francesco Renda and Salvatore Lupo have added to this picture of a society beset by banditry and kidnapping, prone to bouts of civil strife, and where, crucially, the state was powerless to intervene with its own forces to establish order.

Left to their own devices, unprotected by State machinery, the wealthy and privileged developed their own means of guarding themselves by violence from violence. This blurring of boundaries between legal and illegal among the powers in the land had been noted in an earlier age. When Patrick Brydone visited Sicily in 1770, he was horrified to discover the easy familiarity which existed between sections of society which would in other countries have been inimical to one another. To guarantee his safety while crossing the Val Demone, Brydone was provided by the Prince of Villafranca with an escort, but was dismayed at its composition: 'Now, who do you think these trusty guards are composed of? Why, of the most daring, and most hardened villains, perhaps that are to be met with upon earth, who, in any other country, would have been broken on the wheel, or hung in chains; but here are publicly protected and universally feared and respected.'[17]

The role of the aristocracy as patrons, protectors or outright employers of men of violence stands as proof not so much – or not exclusively – of some grey area between criminality and law as of the willingness of the ruling classes in various phases of Sicilian history to stand as guarantors and beneficiaries of criminal or outlaw elements in society. As Paolo Pezzino notes, the aristocracy do not figure as accused in trials of bandits but, such was the effectiveness of the protection with which they provided themselves, they equally rarely feature as victims of banditry.[18] The public authorities were not models of irreproachable conduct. Salvatore Lupo chronicles one particularly tangled case in which two inhabitants of Monreale announced their readiness to give evidence against one Lo Biundo, commander of the National Guard but a suspect in various cases. Before they could do so, the two were murdered, but when the police started inquiries into Lo Biundo, they were told by the local *questore* to desist, since the two dead men were known criminals, whose killing he had ordered. The *questore* was arrested and charged with murder, but acquitted for lack of proof.[19]

Granted its inability to impose its monopoly of violence, the State sought assistance from dubious quarters. The *compagnie d'armi*, later reorganised as the *militi a cavallo*,[20] were private forces answerable to their own commander, even when employed by city councils to provide the police services. The problem with such irregulars is that often they were the source of the disorder and menace against which they were supposedly providing protection. The same is true of other mafia activities. Extortion was always one of the principal sources of mafia income, and in his recent study, Diego Gambetta advances the theory that the very essence of the mafia lay in its activity as a purveyor of protection but, as has been pointed out by Umberto Santino,[21] it was also the reason why protection was needed.

Perhaps this collusion between criminal agents of violence and the pillars of respectable society who would elsewhere have been their most tenacious opponents is *the* decisive, distinguishing feature of the mafia. The principal point of differentiation between it and criminal bodies in other cities and countries, lies in the interaction and interweaving between holders of power, mainly political power, and the mafia. The mafia does not operate as a body of outlaws, inhabiting an alternative world, but as a corps of insiders who frequent the same salons as the lords and masters. It is an alleged complicity of this sort which lies behind the charges made by the Palermo magistrates against Giulio Andreotti, discussed by Alexander Stille.

This same complicity, but on a wider level, led Leonardo Sciascia and Umberto Santino to coin the phrase *la borghesia mafiosa* (although Paolo Pezzino denied the existence of any such group).[22] The term indicated a network of collusion, cohabitation and connivance, a willingness on the part of well-to-do society to employ unscrupulous methods themselves, or to turn to the mafia to seek protection or other services; it also pointed to the fact that mafia violence has always served to underpin the power of the aristocracy or bourgeoisie, and to keep other sections of society in their place. If it is true that landlords in the 1950s used the mafia to deter the peasantry from taking advantage of the break-up of the great estates, and that Christian Democrat politicians used the mafia to consolidate their power, their predecessors had used the same force for the same ends. In 1874, the Prefect of Palermo wrote: 'Il ricco se ne avvale [i.e. of mafia forces] per serbare incolume dalla piaga insanabile del malandrinaggio la sua persona e le sue proprietà o se ne fa strumento per mantenere quella prepotente influenza e preponderanza che ora gli vede venirgli men per lo svolgersi e progredire delle libere istituzioni.'[23] The famous report of the *Procuratore Generale* Pietro Calà Ulloa, quoted in this anthology, identifies as leaders of local *cosche* not representatives of the deprived sections of society but members of the local ruling class – priests, doctors, lawyers.

This aspect too has remained unaltered in every moment of mafia history. The *picciotti*, the rank and file members of the gangs, may be recruited in the back streets of Palermo, but do the bidding of people who occupied positions of power and privilege in society. At the same time, as the biographies of the mafia chieftains make clear, those who come from deprived backgrounds have every opportunity for upward mobility and enrichment. The mafia offers its own brand of equality of opportunity.

The use of violence must be neither exaggerated nor understated. Often the mere threat, or even the knowledge that a certain individual is under the protection of a known mafioso, is sufficient to ensure compliance. There is a saying in Palermo that when blood flows the mafia is in trouble; the mafia prefers peace to allow for the systematic cultivation of its regular activities. Symbolic violence is not unknown. As recently as 1995 in Palermo, the severed head of a lamb encased in a cardboard box marked with a black cross was left outside the apartment of the magistrate Erminio Amelio, as a suggestion that he would be wise to abandon his investigations into corruption in health administration.

Less picturesque forms of violence are more common. When finally brought to trial in 1896, the mafia boss don Vito Cascio Ferro faced charges of twenty murders, eight attempted murders as well as various counts of theft and extortion. Examples could be multiplied. The *mafiosi* Salvatore Inzerillo and Stefano Bontate had the magistrate Gaetano Costa killed in 1980 for no more substantial reason than to show that, faced with the rise of Totò Riina and the *Corleonesi* (the mafia gang from the town of Corleone), they were still a force to be reckoned with. The victory of the *Corleonesi* in the mafia wars of the 1980s led, as Tommaso Buscetta insisted, to murder and mayhem on a scale never previously seen in the history of the mafia. However, if the murders of judges, politicians and journalists have made headlines in the 1980s and 1990s, over the past century, when the murder of public figures was rare, countless anonymous peasants, tradesmen and stallholders were killed either because of some supposed misdemeanour or because they could not comply with a mafia demand or edict.

Killing is indispensable to the ascent of the individual *mafioso*. The observation that murder is viewed differently, more casually, inside the mafia was not the product of the overfired imagination of some second-rate script writer ensnared by the glamour of mafia violence, but by the magistrate Giovanni Falcone. It is he who insists that the aspirant to membership of the mafia has to kill to be fully accepted. Mafia rule is based on primitive factors, on the rule of force and the dominance of mere strength; violence and the threat of violence are intrinsic to the mafia. For this reason, the fact of violence is not avoided in this anthology. Many recent studies of the mafia concentrate on the mafia as economic force, as agent of (distorted) order or as supplier of employment, and can often leave readers wondering whether the mafia is not finally a model to be imitated. It has to be periodically restated that the prime characteristic of the mafia is willingness to kill and maim. When all the analyses have been made, to be a *uomo d'onore* is to be a man who will, cynically and mercilessly, kill the defenceless. With all its modern sophistication, the mafia remains an *'industria della violenza'*.

The early mafia

The political and social conditions in which the mafia has been able to flourish are, unlike the cultural premises, of comparatively recent origin. In 1812 feudalism was finally abolished in Sicily. The Bourbons had fled from Naples, then occupied by the Napoleonic forces, to take refuge in Sicily, which was protected from invasion by the British fleet under Lord Nelson. In these circumstances, the Whig Lord Bentinck was virtual Viceroy, and under his promptings the Sicilian Parliament took the decision to come into line with other European countries and put an end to the feudal system. The consequences were more equivocal than the reformers had hoped. The condition of vassalage was ended and with it the right to hold *feudi* (fiefs or feudal estates), so that land could be bought and sold according to market forces. However, the peasantry lost those rights which had traditionally been theirs, including the right of pasture and gathering of fruit and wood on land which feudal superiors had been required to make accessible to all. Although in common parlance the estates continued, for good reason, to be called *feudi*, in law the new measures resulted in the creation of the *latifondi*, the huge privately owned, landed estates of Western Sicily. Many peasants were left not only landless, particularly as the population of Sicily increased throughout the nineteenth century, but deprived of their traditional sources of prime necessities.

The need for access to land by the newly dispossessed was behind many of the riots and political-social rebellions which occurred at regular intervals (1820, 1837, 1848, 1860, 1866 and 1893) in Sicily throughout this period. Even Garibaldi's landing in 1860, which led to the incorporation of Sicily into the new Italy, was seen by the Liberal bourgeoisie and the peasantry in starkly different lights, as was noted at the time by C. G. Abba, a member of the expeditionary force and author of the *Noterelle*. Abba recounts a meeting near Calatafimi with a friar who stated that the hope of the peasantry was not for anything as abstract as a united Italy but the redistribution of land.[24] The same purpose was behind the risings in Bronte and Alcara Li Fusi, the latter being the subject of Vicenzo Consolo's novel *Il sorriso dell'ignoto marinaio.* The rebels believed not only that they were paying off ancient scores, but that their actions were in accord with policies supported by the new regime. In the event the risings were put down brutally by Garibaldi's troops.

This new class of the dispossessed provided the footsoldiers for lawless or violent enterprises, while the newly dominant middle class took full advantage of the new possibilities for advancement and enrichment. In literature, the most complete representative of this new class is undoubtedly Calogero Sedara of *Il gattopardo*, the ex-peasant who acquires lands and wealth which are greater than those of the Prince of Salina, his former feudal superior. In the generation preceding that of Calogero, the family was headed by the man known as Peppe Merda, whose unscrupulous ways had laid the foundation of the family prosperity, while in the subsequent generation, the principal figure was Angelica, who had been enabled by her father's new wealth to attend finishing school in Switzerland and who was to marry the aristocratic Tancredi, the adopted son of the prince.

It was under this new regime ushered in by Garibaldi's success in 1860 that the mafia emerged and flourished, although only Giuseppe Pitrè had the temerity to make the – quite unfounded – suggestion that in some unstated way the mafia was a foreign implant. Eric Hobsbawm advanced the theory, which much impressed Sciascia, that the mafia flourished in the new political dispensation because it was 'the only bourgeois revolution of which Sicily was capable.'[25] While in other countries the empowerment of the bourgeoisie accompanied the process of industrialisation, the industrial revolution was still a long way off in Sicily. Such industrial or financial developments as had occurred were controlled by a group of English businessmen – the Woodhouse, Ingham or Whittaker dynasties – or by one Sicilian family, the Florio, who declined rapidly with the death of Vincenzo Florio, the only genuinely innovative Sicilian entrepreneur of the nineteenth century.

The centre of Sicilian economic activity was still the countryside, where opportunities had been extended with the ending of feudalism. The aristocracy had tended to leave the land for the city, whether Naples, Rome or Palermo, although they had not renounced ownership of their estates. The accounts, fictionalised or autobiographical, provided by Tomasi di Lampedusa are a useful indication of the nature of the developments in aristocratic society. The Tomasi family had holdings in Palma di Montecchiaro, which becomes Donnafugata in *Il gattopardo*, and the description of the Salina family making the long, dusty summer ride from Palermo to their estate on other side of the island, reflects the separation of many noble families from their source of wealth. Writing of a later period in her lightly fictionalised autobiography, the equally aristocratic Livia de Stefani recalls how the estate at Virzì (which she continues to call a *feudo*) had been left abandoned but had been *de facto* taken over by the local mafia headed by the brothers Vincenzo and Filippo Rimi.[26]

Many such estates came to be controlled by the mafia, as Michele Pantaleone's account of the career of don Calogero Vizzini illustrates, but rarely merely by default. With the move of the landlords from the land, the administration of the *feudi* or *latifondi* was entrusted to the *gabelloto*. In dry legal terms, the *gabelloto* was the renter who undertook to manage the estate, usually by subletting it to the peasantry, and to guarantee the landlord his income. The *gabelloto*'s own income was derived from the surplus he extracted from the peasantry who worked the land. From this intermediary condition, the *gabelloto* acquired sufficient power to make him independent of the landowner, and in time to supersede him.

The real basis of the *gabelloto*'s power in a locality was not his role as landowner's *de iure* representative, but his willingness and ability to employ force to extract payment and impose his demands. He surrounded himself with a retinue of guards and administrators – the *guardie campestri* or *campieri* – who acted as armed guards for the estate and its owners, and the controller of the farming and guardianship activities – the *soprastante*. The changed social conditions gave the *gabelloto* the possibility of upward mobility which had been denied his predecessors in the more rigid feudal regime, and his capacity for extracting unearned income from the peasant and the landlord afforded him every opportunity for exploiting that new potential. His status was not sanctioned by tradition, as was that of the feudal overlord, but he found in brute force, and later in economic power, an effective substitute. Henner Hess put it: 'Il gabelloto è il tipico mafioso'.[27] Around him, the mafia in its first form, as a rural force, made its appearance.

The evolution of the mafia

The term *mafia* makes its first appearance in its modern sense in 1863 in a dialect comedy *I mafiusi di la Vicaria* written by Giuseppe Rizzotto and Gaspare Mosca. Obviously the term had had a currency in oral usage before that date, as is confirmed by Pitrè's outraged response both to the 'misuse' of the word and to the implication that there was any such criminal society active in Sicily. The new term was immediately accepted into common currency: in a report written two years later, the Prefect of Palermo, Filippo Gualterio, was able to use the word 'mafia' in a routine way to describe criminal organisations in the territory under his control. The government of the newly united Kingdom of Italy was moved to take cognisance of conditions in Sicily and commissioned the Bonfadini Report on crime in the island (1875), while Leopoldo Franchetti and Sydney Sonnino undertook their own researches, which included investigation of the mafia, published in 1876 as *Inchiesta in Sicilia*. Franchetti and Sonnino took responsibility for enquiry into different aspects of Sicilian life, with Franchetti responsible for the sections on violence and crime.

Sociology was in its infancy, but Franchetti's inquiry, in its methodological rigour and shrewdness of insight, remains unsurpassed. He identified the existence of a culture of violence, analysed the idiosyncratic nature of the island's bourgeoisie, traced the geographical boundaries within which the new criminal element flourished, exposed the failure of the government to support those officers who sought to combat corruption, examined the roots and nature of complicity between the authorities and criminals, studied Sicilian culture so as to understand the grip of *omertà*, and looked in detail at the nature of the collusion in crime between classes. Finally, with biting irony, he denounced the failure to bring to justice known criminals whom the judicial system 'è sola a non sapere dove sono'.[28] Franchetti was among those who were to deny that the mafia had any formal organisation, regarding it as more a style of behaviour with only loose contact between different *cosche* but, in contradiction to that assertion, he emphasised the primacy of the Palermo mafia over the mafia from other zones in Sicily.

Franchetti provided the definitive analysis of the mafia in its first period. The mafia was still confined to its traditional power base in the west of Sicily, in a triangle formed approximately by the cities of Palermo, Trapani and Agrigento. It was unknown in eastern Sicily or in the cities of

13

Messina and Catania, and remained so until very recent times. It was only in the 1960s that mafia gangs made their appearance in Catania or Siracusa and mafia influence spread all over the island, indeed all over Italy. The essential difference between east and west Sicily lay in the pattern of agriculture. The great *latifondi* which were the cradle of the mafia were concentrated in western Sicily, while smaller farms represented the more common style of landowning in the east. However, even in its earliest forms, mafia activity was not confined to agriculture. It also made itself felt in the sulphur industry, which was the only major industry in the island, and in other activities open to protection rackets, such as the fruit-growing industry around Palermo, or the provision of water for the city.

The mafia evolved in tandem with the society on to which it battened. It has become conventional among mafiologists to identify three phases: the rural mafia, the urban mafia and the contemporary mafia which is variously characterised as international, financial or entrepreneurial (in reality it is all three). It is evidently not possible to attach precise dates to these various phases, but the rural mafia was the dominant model until the immediate post-Second World War years, and the mafia has become genuinely international since, very approximately, the mid-seventies. To these phases has to be added the period of fascist rule, when the mafia was driven underground by a totalitarian government which was not disposed to share power with organised crime, as the post-Risorgimento Liberal governments had done and as the Christian Democrats would do.

The mafia returned in full force following the Allied Liberation of the island in 1943. The degree of awareness on the part of the Allies of exactly what forces they were unleashing has been the subject of dispute, but when all allowances have been made for the fact that the principal objective of the invaders was the defeat of the Nazis and Fascists, the consequences of their actions on Sicily were appalling. It is well estab-lished that the Americans did a deal with Lucky Luciano, who was in jail in Pittsburgh in the 1940s, according to which he would be given his release in return for his assistance. Another term of the agreement was that Luciano would be expelled from America and take up residence in Italy. Luciano was a major force in re-establishing mafia power and was instrumental in moving the mafia in the direction of drug smuggling.

The three-phase development scheme, while accurate in broad out-lines, needs refining, and perhaps this scheme would have been more accurate if subsequent researchers had borne in mind Franchetti's (and Cutrera's) insistence of the primacy of the city of Palermo as source of mafia power. Even in its earliest days, the mafia was *also* an urban force. Any doubts on this score should have been removed by the publicity surrounding by the murder in 1893 of Emmanuele Notarbartolo. The case received enormous publicity because for the first time, and the only time until the killing of the judge Pietro Scaglione in 1971, a prominent public figure was the victim of mafia assassins. Notarbartolo, once a follower of Garibaldi, was mayor of Palermo and director of the *Banco di Sicilia*. His own integrity was beyond all question, and he had denounced corrupt dealings in the management of the bank. Political infighting had forced Notarbartolo out of office when he was stabbed to death on a train running between Termini Imerese and Palermo.

According to a pattern which was to become familiar, the investigators were initially unable to bring the perpetrators to justice, but the crime was universally considered to have originated with the mafia, and under the pressure of public opinion, Raffaele Palizzolo and Giuseppe Fontana were eventually charged. The two men represented the enduring, twin aspects of the mafia. Palizzolo was a landowner, a director of the *Banco di Sicilia* and a member of Parliament, while Fontana was a low-ranking mafioso in the town of Villabate. Palizzolo moved in the smartest society, while Fontana had previous convictions and had been accused of murder on a previous occasion. The contacts between the two exemplified the links across social classes which were integral to mafia activity, and Palizzolo's connections seemed sufficient to guarantee the two that prospect of impunity which mafia figures routinely enjoyed until recent times.

It was decided that the trial could not be held in Sicily, and proceedings were drawn out through three separate hearings in Milan, Bologna and Florence, ending in 1904 with the acquittal of both accused. The outrage throughout Italy occasioned by the case was not evident in Sicily itself. The civic and political leaders, headed by Giuseppe Pitrè, founded a committee entitled *Pro Sicilia*, to campaign for Palizzolo's release and to 'correct' the slander on Sicily and its inhabitants which, in their view, the charges represented. Probably none of the committee members, and certainly not Pitrè, had any links with organised crime, but their campaign was of inestimable value to the mafia. The manifesto constituted the first statement of the outlook which came to be called *sicilianismo*, a philosophy which Nando dalla Chiesa defined as the 'baluardo ideologico del potere mafioso'.[29]

Sicilianismo is a complex phenomenon, an expression of the protective, quasi-nationalism familiar to those small nations or regions which feel themselves removed from centres of power. An amalgam of endless oscillations between swaggering braggadocio and a plaintive sense of inferiority, it is not amenable to completely coherent definition. It feeds on a sense of injustice and on the incomprehension of Sicilian culture which has been demonstrated by many sections of continental Italian society, but can find paradoxical expression in the belief that only those born in Sicily can fully understand the culture of the island. It has provided a rationalisation for the refusal to face those problems which do genuinely afflict Sicilian society, principally the mafia.

The late Cardinal Ruffini, cardinal-archbishop of Palermo, provided a singularly striking instance of *sicilianismo* in a pastoral letter attacking the antimafia crusader, Danilo Dolci. There were, he wrote, three forces responsible for actively denigrating the island – the novel *Il gattopardo*, Danilo Dolci himself and the mafia; the mafia, which did not exist, could be regarded as a scourge of Sicily only because the myth of an organised crime syndicate had been invented by malevolent outsiders. The suggestion that the mafia was a figment of the imagination of those who did understand Sicily was not new, and had been made by Pitrè in his celebrated discussion of the mafia reproduced in this anthology.

When they disembarked in Palermo, Palizzolo and Fontana were feted as heroes, but to the country as a whole the Notarbartolo case revealed the extent to which the mafia had already become entwined with political power. This collusion and complicity between politics and mafia has been characteristic of the mafia at every stage of its development. The mafia seeks to make itself part of the structure of political power, both at local and national level. Where bandits or common criminals are, in a very literal sense, 'outlaws', the mafia has always sought an accommodation with law-makers if not with the law, and has made itself one with the ruling clique in the body politic. In a celebrated polemical essay, *Nel regno della mafia,* published in 1890 while the Notarbartolo trials were still underway, Napoleone Colajanni wrote: 'per combattere e distruggere il regno della mafia, è necessario che il governo italiano cessi di essere il re della mafia'.[30]

In less colourful language, Colajanni's cry was to be repeated by reformers down the years. The charge was brought not only against the Liberals, the dominant party in the early years of the newly united Italy, but against the *Democrazia Cristiana*, who occupied a similar position in the post-war period. Giulio Andreotti, if the accusations against him detailed by Alexander Stille are upheld, is only one of many Italian politicians to have been tainted by alleged mafia associations. Andreotti was not Sicilian and had no personal political base in Sicily, but profited from the support brought to his *corrente* by Salvo Lima, invariably described as his 'lieutenant' in Sicily. Lima had been mayor of Palermo, a member of the Italian legislature and was a member of the European Parliament when he was assassinated by the mafia during the 1994 elections.

In more conventional situations, a mafia boss would act as *gran elettore* for a candidate, guaranteeing him votes and election, but expecting favours in return. The boss anticipated assistance in resolving any problems which might arise in dealings with the police and magistrates, in having inconvenient or over-zealous officers reassigned elsewhere and, principally, in ensuring that public contracts were awarded to firms close to the mafia. With the establishment of the autonomous regional government of Sicily, and the expansion of the economic powers of local authorities, the mafia became increasingly involved in the system of tendering and awarding public contracts. This complicity over the allocation of contracts to firms with mafia links was especially close in the period known as the *Sacco di Palermo*, as described by Orazio Cancila, but political protection allowed the mafia to flourish during the entire life of the First Republic.

Organising the mafia

On 16 July 1984, Tommaso Buscetta, who had been arrested in Brazil, decided to collaborate with the magistrate Giovanni Falcone. In spite of legends to the contrary, other *mafiosi* in the past had offered assistance to investigators, but none had been as high-ranking as Buscetta and none could provide such detailed information. Many Sicilians recall the physical shock they felt on first hearing the news of Buscetta's defection. Following his example, many other *mafiosi* became *pentiti,* receiving lighter sentences in return for their collaboration, and for a time it seemed that, now that the barrier of *omertà* had been decisively breached, the mafia could only survive, if at all, in a radically diminished form. Buscetta's evidence provided the information on which the prosecution case at the 1986 *maxi-processo*, which saw 475 *mafiosi* facing charges, was based, but optimistic forecasts of the demise of the mafia have proved unfounded.

Buscetta has so deeply revolutionised the state of knowledge about the mafia that mafia studies can be divided into pre- and post-Buscetta. Specifically, the belief held by observers from Franchetti to Henner Hess that the mafia was a culture without any precise structure or hierarchy can now be set aside. Observers like Pino Arlacchi, who had been one of the convinced upholders of the thesis which made the mafia a cultural identity without formal links between individual *mafiosi*, had to reconsider their view and accept Buscetta's testimony that the mafia was a unified body, controlled by one central organ.[31] Buscetta revealed the nature of the controlling body, the *commissione* or *Cupola*, the internal structure of the individual *cosca* and the ritual used for initiation into the mafia.

It is now known that the first *commissione*, whose composition and powers are described in the prosecution document prepared by the Palermo magistrates for the *maxi-processo*, was established towards the end of the fifties, probably as a consequence of the Sicilian-American mafia summit in the *Hotel delle Palme* in Palermo in 1957. The *commissione* had problems dealing with the La Barbera family and was dissolved following the explosion of a car bomb in Ciaculli in 1962 which killed seven policemen. The ensuing public furore forced the Government to adopt measures to combat the mafia and establish the first Parliamentary Antimafia Commission. The Commission was re-formed in the early 1970s, the years in which income from drug smuggling and marketing began to offer the mafia the prospect of unheard of riches. Perhaps the sheer volume of money involved was responsible for the increasing internecine strife, which came to public attention with the mafia wars of 1980-83. From these wars, the *Corleonesi*, the *cosca* headed by Totò Riina and Luciano Leggio from the town of Corleone, emerged as victors.Under their command, the mafia adopted a quasi-terrorist strategy, killing journalists, magistrates, police officers and politicians whom they perceived to be an obstacle to their plans. At the same time, the international network required by the nature of the drug trade, with its import, refinement and export cycles, and by the need to create sophisticated outlets for the sheer volume of money produced by that trade led to further changes in the nature of the mafia. Recycling or laundering 'dirty money' by itself requires sophisticated financial manoeuvres, as Mario Centorrino explains. A group of mafia companies, some involved in activities which were not themselves illegal, began to emerge. The mafia, while continuing its well-established activities and even expanding into the illegal arms trade, was now embedded in the legitimate national and international economy.

However, the increased violence in Sicily and the awareness of the risks posed by the intermingling of legal and illegal economies finally provoked a reaction from the Italian State, long seemingly immobilised in the face of mafia outrages. A new generation of magistrates, with Giovanni Falcone and Paolo Borsellino to the fore, formed themselves into the specialised antimafia group, or 'pool'. Using computer technology, they found it possible to track the flow of mafia money and build a case against individual *mafiosi*. If the decisive breakthrough for them was provided by Buscetta's evidence, it is equally true that lesser men would have been unable to exploit to the full the information Buscetta gave them.

Falcone and Borsellino themselves fell victim to the mafia, but the methods they pioneered have continued to be employed, if more sporadically and half-heartedly, by their successors. At the same time, new international challenges have emerged. Just when the Italian police and magistrates have made progress at home, newer mafias, often collaborating with their Sicilian counterparts, begin to make their appearance in countries as far apart as Azerbaijan and Colombia. The mafia is not dead.

Notes

1 Giuseppe Antonio Borgese, preface to *Sicilia* (Milan, Touring Club Italiano, 1933), p. 7.
2 Giuseppe Tomasi di Lampedusa, *Il gattopardo* (Milan, Feltrinelli, 1963), p. 121.
3 Leonardo Sciascia, *Pirandello e la Sicilia,* in *Opere*, vol 3 (Milan, Bompiani, 1991), p. 1117.
4 Diego Gambetta, L*a mafia siciliana* (Turin, Einaudi, 1994), pp. 17-23; Raimondo Catanzaro, *Il delitto come impresa (M*ilan, Rizzoli, 1991), pp. 76-9.
5 Sebastiano Aglianò, *Cos'è questa Sicilia?* (Siracusa, Mascali, 1945).
6 Joseph Bonanno, *Man of Honour* (London, Andrè Deutsch, 1983), p. 47.
7 Leonardo Sciascia, *Opere*, vol. 1, p. 461.
8 Edward Banfield, *The Moral Basis of a Backward Society (*Chicago, The Free Press, 1958).
9 Leopoldo Franchetti and Sydney Sonnino,*.Inchiesta in Sicilia* (new edn, Florence, Vallecchi, 1974), pp. 99-101.
10 Paolo Pezzino, *Una certa reciprocità di favori* (Milan, FrancoAngeli, 1990), pp. 11-12.
11 Catanzaro, *Il delitto*, pp. 101-5.
12 Max Weber, *On Charisma and Institution Building*, ed. by S. N. Eisenstadt (Chicago, University of Chicago Press, 1968), p. 46.
13 Franchetti, *Inchiesta*, p.9.
14 Henner Hess, *Mafia* (Bari, Laterza, 1973), pp. 61-2.
15 Antonino Cutrera, *La mafia e i mafiosi* (Palermo, Reber, 1990), p. 36.
16 Anton Blok, *The Mafia of a Sicilian Village* (Oxford, Blackwell, 1974).
17 Patrick Brydone, *Travels in Malta and Sicily* (second edn, Dublin, The United Company of Booksellers, 1776), p. 33.
18 Pezzino, *Una certa reciprocità*, pp. 87-8.
19 Salvatore Lupo, *Storia della mafia* (Rome, Donzelli, 1993), pp. 30-1.
20 Hess, *Mafia*, p. 30.
21 Gambetta, *La mafia*; Umberto Santino, *La mafia interpretata* (Palermo, Rubettino, 1995), p. 22.
22 Sciascia, *Opere,* vol. 1, p. 1033; Umberto Santino, *La borghesia mafiosa* (Palermo, Centro Impastato, 1994); Paolo Pezzino, *Mafia: Industria della violenza* (Florence, La Nuova Italia, 1995), p. 87.
23 Quoted by Francesco Renda, *Storia della Sicilia dal 1860-1970* (Palermo, Sellerio, 1984), p. 200.
24 C. G. Abba, *Noterelle d'uno dei Mille* (new edition, Milan, Mondadori, 1973), p. 42.
25 Eric Hobsbawm, *Primitive Rebels* (Manchester, Manchester University Press, 1971), p. 53.
26 Livia De Stefani, *La mafia alle mie spalle* (Milan, Mondadori, 1989).
27 Hess, *Mafia*, p. 63.
28 Leopoldo Franchetti, *Inchiesta*, p. 5.
29 Nando Dalla Chiesa, *Il potere mafioso* (Milan, Mazzotta, 1976), p. 168.
30 Napoleone Colajanni, *La Sicilia dai Borboni ai Sabaudi* (Milan, Mondadori, 1951), p. 35.
31 Pino Arlacchi, *Il processo* (Milan, Rizzoli, 1995), p. 11.

Further Reading

Arlacchi, Pino, *La mafia imprenditrice* (Bologna, Il Mulino, 1983).

Biagi, Enzo, *Il Boss è solo* (Milan, Mondadori, 1986).

Blok, Anton, *The Mafia of a Sicilian Village* (Oxford, Basil Blackwell, 1974).

Caldarola, Giuseppe (ed.), *Autobiografia di Cosa Nostra* (Rome, Theoria, 1994).

Catanzaro, Raimondo, *Il delitto come impresa* (Milan, Rizzoli, 1991).

Centorrino, Mario, *L'economia mafiosa* (Soveria Mannelli, Rubettino, 1986).

Correnti, Santi, *Il miglior perdono è la vendetta* (Milan, Mondadori, 1987).

Dolci, Danilo, *Banditi a Partinico* (Bari, Laterza, 1956).

Duggan, Christopher, *Fascism and the Mafia* (New Haven, Yale University Press, 1989).

Falcone, Giovanni, *Cose di Cosa Nostra* (Milan, Rizzoli, 1991).

Falcone, Giovanni, *Interventi e proposte* (Milan, Sansoni, 1994).

Fava, Giuseppe, *I Siciliani* (Bologna, Cappelli, 1980).

Fiandaca, Giovanni and Costantino, Salvatore (eds), *La mafia, le mafie* (Bari, Laterza, 1994).

Franchetti, Leopoldo and Sonnino, Sidney, *Inchiesta in Sicilia* (Florence, Vallecchi, 1974).

Gambetta, Diego, *La mafia siciliana* (Turin, Einaudi, 1992).

Hess, Henner, *Mafia*, trans. G. Morello (Bari, Laterza, 1973).

Lupo, Salvatore, *Storia della mafia* (Rome, Donzelli, 1993).

Pantaleone, Michele, *Mafia e politica* (Turin, Einaudi, 1962).

Pezzino, Paolo, *Una certa reciprocità di favori* (Milan, Franco Angeli, 1990).

Santino, Umberto, *La borghesia mafiosa* (Palermo, Centro siciliano di documentazione 'Giuseppe Impastato', 1994).

Santino, Umberto, *La mafia interpretata* (Soveria Mannelli, Rubettino, 1995).

Siebert, Renate, *Mafia e Quotidianità* (Milan, Il Saggiatore, 1996).

Stajano, Corrado (ed.), *Atto di accusa dei giudici di Palermo* (Rome, Editori Riuniti, 1986).

Stille, Alexander, *Andreotti* (Milan, Mondadori, 1995).

Tranfaglia, Nicola, *Mafia e politica* (Bari, Laterza, 1993).

1 Towards a definition

1.1 The first attempt at providing a concise definition of the mafia was made by Antonino Traina in his Sicilian/Italian dictionary which appeared in 1868, five years after the performance of the play *I mafiusi di la Vicaria*, which marks the first written use of the word in its modern sense. Traina tends to regard the mafia as largely a state of mind or code of individual conduct, whose essence consists of cutting a swaggering if bullying figure. His definition has nothing of the neutrality expected of the professional lexicographer and he disapproves only of certain aspects of mafioso behaviour. He includes an extra entry *mafiusazzu*, which he describes as a pejorative of *mafiusu*.

Màfia. *s. f.* Neologismo per indicare azione, parole o altro di chi vuol fare il bravo:[1] *sbraverìa, braveria.* Sicurtà d'animo, apparente ardire: *baldanza.* Atto o detto di persona che vuol mostrare piú di quel che è: *pottata.*[2] Insolenza, arroganza: *tracotanza.* Alterigia, fasto: *spocchia.* Nome collettivo di tutti i Mafiusi. (*Smàferi* si chiamano in Toscana gli sgherri; e *maffia* dicono alla miseria, e miseria vera è il credersi grand'uomo per la sola forza bruta! ciò che mostra invece gran brutalità, cioè l'essere grande bestia!)

Mafiarisi. *v. intr. pron.* Mostrarsi valente o sbravazzone: *sbravazzare, sbraciare*; e in men tristo senso fare il bravo dinanzi il pericolo: braveggiare, bravare. MAFIARISI CU UNU: *pigliare baldanza addosso a uno.*

Mafiusu. *s. m.* Chi opera e si mostra con MAFIA: *sbracione, bravaccio, sbarazzino.* Di cosa buona, eccellente in suo genere: *smàfero. Tracotante.* Ardito, valente: *sgherro.* In buono senso: *baldo, baldanzoso.* Che affetta grandigia, spocchia; *spocchioso.* Detto di abito, bello, ricco, ecc: *sgherro.* Valente, bravo, esperto: *bàrbero, sgherro.*

Antonino Traina, *Nuovo Vocabolario Siciliano-Italiano*
(1868: new edition, Palermo, Reprint, n.d.)

21

1.2 The mafia attracted the attention of the early sociologists and Giuseppe Alongi provided one of the most thorough analyses of the phenomenon.

Avrei voluto risparmiare al lettore una definizione della maffia[3] convinto come sono che un fenomeno sociale complesso come è appunto la maffia, mal si presenta ad essere con precisione ed esattezza circoscritto in una definizione, e che piú di questo vale a darne un'idea completa lo studio oggettivo delle sue manifestazioni. Ma poichè fra noi dura ancora il gusto ed il bisogno di definizioni, riporterò quella degli onorevoli Bonfadini[4] e Franchetti[5] che piú e meglio delle altre si avvicinano al concetto complesso di questa piaga sociale.

'La maffia, scrive Bonfadini, non è una precisa società segreta, ma lo sviluppo ed il perfezionamento della prepotenza, diretta ad ogni scopo di male; è la solidarietà istintiva, brutale, interessata, che unisce a danno dello stato, delle leggi e degli organismi regolari, tutti quegli individui e quegli strati sociali che amano trarre l'esistenza e gli agi non già dal lavoro, ma dalla violenza, dall'inganno e dalla intimidazione.'

Ed il Franchetti, 'unione di persone di ogni grado, d'ogni professione, d'ogni specie, che, senza avere nessun legame apparente, continuo e regolare, si trovano sempre riunite per promuovere il reciproco interesse, astrazione fatta da qualunque considerazione di legge, di giustizia e di ordine pubblico: è un sentimento medioevale di colui che crede di poter provvedere alla tutela ed alla incolumità della sua persona e dei suoi averi mercé il suo valore e la sua influenza personale indipendentemente dall'azione dell'autorità e delle leggi.'

Queste due definizioni, come si vede, in quanto allo scopo differiscono sostanzialmente, e prese anche insieme non sono ancora sufficienti a dar un contesto completo del contesto vasto, vario e proteiforme della maffia. Bisognerebbe aggiungere che essa non ha regole fisse, nè gerarchia prestabilita, che ciò non pertanto s'insinua dapertutto, che è subìta con pazienza generale anche dagli onesti che per le tradizionali violenze e vendette la ritengono ancora potente e invincibile, che essa ha gradazioni varie dalla marina alla montagna, e che infine, il suo scopo, oltre l'illecito furto e il farsi giustizia da sè, è quello di imporsi al debole, di collegarsi per resistere al piú forte, di guardarsi quindi dal governo osteggiandone gli atti, non apertamente, ma con una specie di forza d'inerzia e col sotterfugio. Nè ancora la definizione sarebbe completa...

Giuseppe Alongi, *La Maffia e Le Sue Manifestazioni*
(Turin, Einaudi,1886)

Among the many definitions produced in recent times, the following are among the most complete and instructive.

1.3

La mafia è la convinzione, anzi la certezza, di non dover render conto alla giustizia. Ha come obiettivo l'accumulazione della ricchezza e ha come mezzo il delitto. Agisce con una relativa garanzia di incolumità, grazie alla generale omertà. Tutto questo differenzia la mafia da qualsiasi altro fenomeno di violenza, di sopraffazione e di criminalità in qualsiasi altra parte del mondo.

Michele Pantaleone, quoted in Michele Cavataio, *Michele Pantaleone, personaggio scomodo* (Catania, Prova d'Autore, 1994)

1.4

Il fenomeno mafioso non è comune, non è la solita criminalità di cui la polizia si intende … Il fenomeno mafioso è qualcosa di piú importante della criminalità: è la criminalità piú l'intelligenza e piú l'omertà.

Tommaso Buscetta, before the Parliamentary Antimafia Commission.
Quoted in Giuseppe Caldara (ed.), *Autobiografia di Cosa Nostra*
(Roma-Napoli, Theoria, 1994)

1.5

La mafia era, ed è … un sistema che in Sicilia contiene e muove gli interessi economici e di potere di una classe che approssimativamente possiamo dire 'borghese'; e non sorge e si sviluppa nel vuoto dello Stato (cioè quando lo Stato, con le sue leggi e le sue funzioni, è debole o manca)[6] ma 'dentro' lo Stato. La mafia, insomma, altro non è che una borghesia parassitaria che non *imprende*[7] ma soltanto *sfrutta*.

Leonardo Sciascia, introduction to school edition of
Il giorno della civetta (Turin, Einaudi, 1972)

1.6

La piú completa ed essenziale definizione che si può dare della mafia, crediamo sia questa: la mafia è un'associazione per delinquere,[8] con fini di illecito arricchimento per i propri associati, e che si pone come intermediazione parassitaria, e imposta con mezzi di violenza, tra la proprietà e il lavoro, tra la produzione e il consumo, tra il cittadino e lo Stato.

Leonardo Sciascia, introduction to Fabrizio Calvi, *La vita quotidiana della mafia dal 1950 a oggi* (Milan, Rizzoli, 1986)

1.7

Col termine *mafia* si intende oggi la delinquenza organizzata, che persegue le sue finalità di lucro illegale, mediante lo spaccio della droga, il traffico di armi, le speculazioni edilizie, l'imposizione di tangenti ad imprese pubbliche e private, la gestione di sequestri di persona, imponendo la propria criminale volontà con mezzi terroristici ed intimidatorii, con la corruzione, e con la connivenza interessata dei ceti dirigenti.

… Molto spesso viene definita, in tutto il mondo, come *l'onorata società*, per l'aberrante e particolare 'codice d'onore' che la regge: obbedienza assoluta ai capi, rispetto per le donne e per gli averi degli 'amici', mai tradimento verso la 'società', strettissima *omertà*.

Santi Correnti, *Il miglior perdono è la vendetta*
(Milan, Mondadori, 1987)

1.8

La mafia sistema di potere, articolazione del potere, metafora del potere, patologia del potere. La mafia che si fa Stato dove lo Stato è tragicamente assente. La mafia sistema economico, da sempre implicata in attività illecite, fruttuose e che possono essere sfruttate metodicamente. La mafia organizzazione criminale che usa e abusa dei tradizionali valori siciliani. La mafia che in un mondo dove il concetto di cittadinanza tende a diluirsi mentre la logica dell'apparato tende a rafforzarsi; dove il cittadino con i suoi diritti e i suoi doveri, cede il passo al clan, alla clientela, la mafia, dunque, si presenta come una organizzazione dal futuro assicurato.

Marcello Padovani, introduction to *Cose di Cosa Nostra*
(Milan, Rizzoli, 1991)

1.9

Per mafia intendo una struttura criminale e delinquenziale, o meglio un insieme di organizzazioni delinquenziali dotato di una particolare caratura[9] 'politica'; delle capacità, cioè, di radicarsi in un territorio, di disporre di ingenti risorse economiche, di esercitare forme di controllo su porzioni crescenti della società locale, imponendosi con l'utilizzazione di un apparato militare.

Paolo Pezzino, in G. Fiandaca and S.Constantino (eds),
La Mafia, Le Mafie (Bari, Laterza, 1994)

1.10

La mafia è una forma di criminalità organizzata che non solo è attiva in molteplici campi illegali, ma tende anche ad esercitare funzioni di sovranità, normalmente riservate alle istituzioni statali, su un determinato territorio, imponendosi ad esempio una sorta di tassazione sulle attività economiche legali e dotandosi di un sistema normativo che prevede sanzioni violente per coloro che sono considerate devianti. Si tratta quindi di una forma di criminalità che presuppone alcune condizioni: l'esistenza di uno stato di tipo moderno, che rivendichi a sè il monopolio legittimo della violenza, un'economia libera da vincoli feudali, fondata cioè sulla proprietà privata e sul mercato, l'esistenza di violenti in grado di poter operare 'in proprio',[10] imponendo anche alle classi dirigenti la propria mediazione violenta.

Paolo Pezzino, *Mafia:industria della violenza*
(Florence, La Nuova Italia, 1995)

1.11

Mafia è un insieme di organizzazioni, di cui la piú importante ma non l'unica è Cosa Nostra, che agiscono all'interno di un vasto e ramificato contesto relazionale,[11] configurando un sistema di violenze e di illegalità finalizzato all'accumulazione del capitale[12] e all'acquisizione e gestione di posizioni di potere, che si avvale di un codice culturale e gode di un certo consenso sociale.

Il fenomeno mafioso viene considerato un prisma a molte facce, presentando aspetti criminali, sociali, economici, politici,culturali; isolare uno di questi aspetti e ritenerlo rappresentativo dell'intero fenomeno o attribuirgli una prevalenza sugli altri, come spesso avviene, è un'operazione gratuita e una riduzione fuorviante. Il fenomeno mafioso è la risultante del rapporto interattivo tra tutti questi aspetti e, se si vuole passare dal descrittivismo impression-istico[13] alla ricerca scientifica, al centro dell'analisi dev'essere lo studio dell'interazione tra i vari aspetti. Le polarizzazioni sono sbagliate sempre ma lo sono ancora di più quando si debbono studiare fenomeni complessi.

L'ipotesi definitoria[14] sopra riassunta permette di considerare le organizzazioni criminali nella loro concretezza (uomini in carne e ossa, boss e gregari, e non mafiosi da romanzo e sceneggiato televisivo spacciati per idealtipi;[15] organigrammi, regole, ruoli, gerarchie, intese e conflitti)[16] e il contesto sociale in cui esse operano, sottraendolo alle generiche criminalizzazioni di sapore più o meno razzistico o lombrosiano[17] e individuando al suo interno un *blocco sociale* egemonizzato[18] dai gruppi criminali o in sintonia con essi. E anche tale blocco sociale va studiato in concreto, analizzandone composizione, caratteristiche, valenze culturali, economiche, politiche ecc, tipologie dei rapporti che si instaurano tra le sue componenti e i raggruppamenti organizzati. Solo questa analisi concreta permette di avere un quadro esauriente dei fenomeni…

Umberto Santino, *La mafia interpretata*
(Soveria Mannelli, Rubettino, 1995)

1.12 The law has always had extreme difficulties in defining the mafia. The term 'associazione a delinquere' was coined by the Fascist judicial authorities at the time of the antimafia campaign carried out by Prefect Cesare Mori, but it was only in 1982, with Law 646, passed in the aftermath of the killings of Carlo Alberto Dalla Chiesa[19] and of Pio La Torre,[20] that the fact of membership of the mafia, as distinct from activities associated with membership, become a crime in Italian law.

L'associazione è di tipo mafioso quando coloro che ne fanno parte si avvalgono della forza di intimidazione, del vincolo associativo e della condizione di assoggettamento e di omertà che ne deriva per commettere delitti, per acquisire in modo diretto o indiretto la gestione o comunque il controllo di attività economiche, di concessioni, di autorizzazioni, appalti e servizi pubblici o per realizzare profitti, vantaggi ingiusti o per sè o per altri.

Article 416 of Law 646., known as the *'Legge La Torre'*

Notes

1 *Bravo,* a term employed by Manzoni in his *I promessi sposi* to denote thugs.
2 Vanity. So called after Potta, the Mayor of Modena in Tassoni's mock heroic epic, *Il secchio rapito.*
3 There was no agreement on spelling until the turn of the century.
4 Romualdo Bonfadini, chairman of a parliamentary commission of enquiry into the mafia in 1893.
5 Leopoldo Franchetti (1847-1917), author, together with Sidney Sonnino, of the celebrated *Inchiesta in Sicilia.*
6 The concept of the State being 'absent' is common in discussions of why the mafia has prospered. Reduced to its simplest terms, the idea is that the government has failed to bring its power to bear on the problem, that it has not mobilised its resources against the mafia but has left its representatives in Sicily to operate on their own without affording them full public backing.
7 Which is not entrepreneurial, does not create wealth.
8 A legal term, introduced by Fascism, roughly equivalent to the concept of conspiracy in English law.
9 Imprint.
10 On their own.
11 Of relationships.
12 Accumulation of capital, i.e. the acquisition of wealth.
13 Descriptions based on impressions alone.
14 The attempted definition.
15 And not storybook or TV soap opera mafiosi passed off as representative types.
16 Flip charts, rules, roles, hierarchies, understandings and conflicts.
17 From the nineteenth-century Italian criminologist, Cesare Lombroso, author of such works as *L'uomo delinquente* (1889), in which he asserted that certain individuals or races were born with innate criminal tendencies. He came close to including Southern Italians in this criminal category.
18 Headed by.
19 Carlo Alberto Dalla Chiesa, an officer in the carabinieri who had headed the anti-terrorist campaign in the 1970s, and was appointed prefect of Palermo to conduct an antimafia drive.
20 Pio La Torre, Member of Parliament and Regional Secretary of the Communist party.

2 Early history

2.1   Before being identified and given a name, the mafia had a shadowy pre-history. In a celebrated legal report sent to the Bourbon authorities in Naples in 1838, Pietro Calà Ulloa[1] talks of conditions in Sicily and of the influence of certain 'brotherhoods'.

… vi furono Magistrati che apertamente favorivano il contrabbando, come il Procuratore Generale Corvaja di Catania, contro il quale il popolo furiosamente si scagliava nelle pubbliche vie … non vi è impiegato in Sicilia che non si sia prostrato al cenno di un prepotente[2] e che non abbia pensato a trar profitto dal suo ufficio

Questa generale corruzione ha fatto ricorrere il popolo a rimedi oltremodo strani e pericolosi. Vi ha[3] in molti paesi delle unioni o Fratellanze, specie di sette che dicono partiti,[4] senza colore o scopo politico, senza riunione, senza altro legame che quello della dipendenza da un capo, che qui è un possidente,[5] là un arciprete. Una cassa comune sovviene ai bisogni, ora di far esonerare un funzionario, ora di difenderlo, ora di proteggere un funzionario, ora d'incolpare un innocente. Sono tante specie di piccoli Governi nel Governo. La mancanza della forza pubblica ha fatto multiplicare il numero dei reati. Il popolo è venuto a tacita convenzione coi rei. Come accadono furti, escono i mediatori ad offrire transazioni pel recupero degli oggetti involati.[6] Il numero di tali accordi è infinito. Molti possidenti han creduto meglio essere oppressori che oppressi, e si iscrivono nei partiti. Molti alti magistrati li coprivano di un'egida[7] impenetrabile…

Non è stato possibile indurre i sorvegliatori[8] a perlustrare le strade del proprio paese in ogni quindici giorni; nè di trovare testimoni pei reati commessi in pieno giorno. E' una paralisi generale…

Al centro di tale stato di dissoluzione vi è una capitale[9] col suo lusso e la sua corruzione. Città feudale nel secolo XIX, città nella quale vivono quarantamila proletari, la cui sussistenza dipende dal caso e dal capriccio dei grandi. In questo umbilico della Sicilia si vendono gli uffici pubblici, si corrompe la giustizia, si fomenta l'ignoranza del popolo...

Pietro Calà Ulloa, *Relazione al Ministro Della Giustizia* (1838)

2.2 The *Inchiesta in Sicilia* by Leopoldo Franchetti and Sidney Sonnino, published in 1876, was probably the most thorough and unbiased enquiry into Sicilian life and social conditions ever undertaken. Franchetti's remit included the inquiry into the forms of criminality specific to the island.

Non esiste nelle menti della grandissima maggioranza, il concetto di un vantaggio sociale, superiore agli interessi individuali e diverso da questi. Né possono concepire una forza diretta da siffatto criterio, una legge in somma che, intesa ad un fine generale, ora reca vantaggio, ora danno all'uno od all'altro singolo individuo. Ognuno istintivamente e sinceramente considera l'autorità pubblica in tutte le sue manifestazioni come una forza brutale alleata o nemica dell'una o dell'altra persona per tutti i fini buoni o cattivi.

Manca nella generalità dei Siciliani il sentimento della legge superiore a tutti ed uguale per tutti. Del resto questa mancanza del concetto di una legge e di un'autorità che rappresenti e procuri il vantaggio comune, astrazione fatta dagli individui, si manifesta nelle relazioni di ogni genere fra Siciliani. Essi non si considerano come un unico corpo sociale sottoposto uniformemente a legge comune, uguale per tutti e inflessibile, ma come tanti gruppi di persone formati e mantenuti da legami personali. Il legame personale è il solo che intendano. E'accaduto a più di un rappresentante dell'autorità che rifiutava un favore richiestogli, allegandone la illegalità, di sentirsi rispondere: 'lo faccia per amore mio' e ciò apertamente, senza esitazione, colla massima buona fede. Insomma, nella società siciliana, tutte le relazioni si fondano sul concetto degl'interessi individuali e dei doveri fra individuo e individuo, ad esclusione di qualunque interesse sociale e pubblico...

La mafia

Così si formano quelle vaste unioni di persone d'ogni grado, d'ogni professione, d'ogni specie che, senza aver nessun legame apparente, continuo e regolare, si trovano sempre unite per promuovere il reciproco interesse, astrazione fatta da qualunque considerazione di legge, di giustizia e di ordine pubblico: abbiamo descritto la MAFIA, che una persona d'ingegno, profonda conoscitrice dell'Isola ci definiva nel modo seguente: 'La Mafia è un sentimento medioevale; Mafioso è colui che crede di poter provvedere alla tutela e alla incolumità della sua persona e dei suoi averi mercè il suo valore e la sua influenza personale indipendentemente dall'azione dell'autorità delle leggi'.

Come fuori di Sicilia sono più conosciute quelle manifestazioni del suo stato sociale, che hanno carattere violento, così sono pure conosciuti più generalmente quegli elementi della mafia che sono cagioni immediate di siffatte manifestazioni. Perciò è generalmente significata con questo nome quella popolazione di facinorosi la cui occupazione principale è d'essere ministri ed istrumenti delle violenze, e coloro che sono con essi in relazioni dirette e continuate. Così si dice: 'la *mafia* di tale o tale paese.' Siffatta incompleta cognizione del fenomeno non entra per poco nella difficoltà incontrata a spiegarlo ed a scoprirne l'indole...

Il fatto completo, di cui solamente un fenomeno è compreso nel significato comune della parola *mafia*, è una *maniera di essere* di una data Società e degli individui che la compongono ed in conseguenza, per esprimersi efficacemente ed in modo da ottenerne un'idea chiara, conviene significarlo non con un sostantivo ma con un aggettivo. L'uso siciliano, giudice competente di questa materia, lo esprime precisamente coll'aggettivo *mafioso*, col quale non viene significato un uomo dedito al delitto, ma un uomo che sa far rispettare i propri diritti, astrazione fatta dei mezzi che adopera a questo fine. E siccome nello stato sociale che abbiamo cercato di descrivere, la violenza spesso è il miglior mezzo che uno abbia di farsi rispettare, così è nato naturalmente che la parola usata in senso immediatamente derivato, venisse ad esprimere uomo dedito al sangue. Laonde[10] il sostantivo *mafia* ha trovata pronta una classe di violenti e di facinorosi che non aspettava altro che un sostantivo che la indicasse, ed alla quale i suoi caratteri e la sua importanza speciale nella società siciliana davano diritto ad un nome diverso da quello dei volgari malfattori di altri paesi.

... La città e l'agro[11] palermitani ci presentano un fenomeno a prima vista incomprensibile e contrario alla esperienza generale e alle opinioni ricevute.[12] Ivi l'industria delle violenze è in mano a persone della classe media ... che portano nell'esercizio di questa tutte le doti che distinguono la loro classe e, in altri paesi, la fanno prosperare nelle industrie pacifiche: l'ordine, la previdenza, la circospezione: oltre ad una una educazione ed in conseguenza una sveltezza di mente superiore a quella del comune dei malfattori... Tutti i cosidetti *capi di mafia* sono persone di condizione agiata. Sono sempre assicurati di trovare istrumenti sufficentemente numerosi a cagione della gran facilità al sangue della popolazione anche non infima[13] di Palermo e dei dintorni. Del resto sono capaci di operare da sè gli omicidi. Ma in generale non hanno bisogno di farlo, giacchè la loro intelligenza superiore, la loro profonda cognizione delle condizioni della industria ad ogni momento, lega attorno a loro, per la forza delle cose,[14] i semplici esecutori di delitti e li fa loro docili istrumenti. I facinorosi della classe infima appartengono quasi tutti in diversi gradi e sotto diverse forme alla clientela[15] dell'uno o dell'altro di questi *capi mafia*. Il quale fa in quell'industria la parte del capitalista, dell'impresario e del direttore. Egli determina quell'unità nella direzione dei delitti, che dà alla mafia la sua apparenza di forza ineluttabile ed implacabile: regola la divisione del lavoro e delle funzioni, la disciplina fra gli operai di questa industria ... a lui spetta il giudicare dalle circostanze se convenga sospendere per un momento le violenze, oppure moltiplicarle e dar loro un carattere piú feroce, e il regolarsi sulle condizioni del mercato per scegliere le operazioni da farsi, le persone da sfruttare, la forma di violenza da usarsi per ottenere meglio un fine. E' proprio di lui quella finissima arte, che distingue quando convenga meglio uccidere la persona recalcitrante agli ordini della *mafia*, oppure farla scendere ad accordi con uno sfregio, coll'uccisione di animali o la distruzione di sostanze, od anche con una schioppettata di ammonimento.

Leopoldo Franchetti, *Condizioni politiche e amministrative della Sicilia*, 1876 (new edn, Florence, Vallecchi, 1974)

2.3 This description of Sicilian life outraged the folklorist, Giuseppe Pitrè, who answered Franchetti, and others, with a disquisition on the origins of the mafia, which became an extended paean of praise to its values and conduct.

Si è scritto tanto della *Mafia* da quasi vent'anni in qua, e tante e tante se ne sono dette intorno alla sua origine, che se tutto si volesse mettere insieme, ci sarebbe da fare la più curiosa collezione di opuscoli, e la più amena raccolta di pensieri; opuscoli e pensieri che dimostrerebbero come la piena conoscenza dell'argomento non sia la prima dote di certi politicanti e statisti d'oggidì.

... Abbarbagliato da tanta luce di scienza, io lascio le descrizioni più o meno dottrinali (e dovrei dire cervellotiche) e mi attengo al modesto mio compito di raccogliere illustrando i fatti da me osservati, e notati nelle ricerche di quest'argomento. Se ne risulta una mafia diversa da quella che s'è data ad intendere o s'è creata dai giornalisti, e da pubblicisti d'occasione, la colpa non è mia.

La voce *mafia* (con una e non già con due effe come si scrive fuori Sicilia) è tutt'altro che nuova e recente: e se nessun vocabolarista anteriore al Traina – il primo e forse il solo che la registri – la riferisce, ciò non può autorizzare nessuno a ritenerla posteriore al 1860,[16] come molti hanno presunto...

Se *mafia* derivi o abbia parentela col toscano *maffia miseria*, o col francese *maùfe o meffier,* non mi preme di vedere qui.

Io sono pago di affermare l'esistenza della nostra voce sul primo sessantennio di questo secolo in un rione di Palermo, il Borgo, che fino a vent'anni addietro facea parte da se stesso, e si reputava, qual era topograficamente, diviso dalla città. E al Borgo la voce mafia coi suoi derivati valse e vale sempre bellezza, graziosità, perfezione, eccellenza nel suo genere. Una ragazza bellina che apparisce a noi cosciente d'essere tale, che sia bene assettata (*zizza*), e nell'insieme abbia un non so che di superiore e di elevato ha della mafia, ed è *mafiusa, mafiusedda*. Una casetta di popolani ben messa, pulita, ordinata, e che piaccia, è una casa *mafiusedda, ammafiata*, com'è anche *'nticchiata*. Un oggetto d'uso domestico, di qualità così buona che s'imponga alla vista, è *mafiusu*: e quante volte non abbiam tutti sentito gridare per le vie frutta, stoviglie *mafiusi,* e per fino le scope: *Haju scupi d' 'a mafia! Haju chiddi mafiusi veru!...*[17]

All'idea di bellezza la voce *mafia* unisce quella di superiorità, e di valentia[18] nel miglior significato della parola e, discorrendo d'uomo, qualche cosa di più: coscienza di esser uomo, sicurtà d'animo e, in eccesso di questa, baldezza, ma non mai braveria[19] in cattivo senso, non mai arroganza, non mai tracotanza.

L'uomo di *mafia o mafiusu,* inteso in questo senso naturale e proprio, non dovrebbe metter paura a nessuno, perché pochi come lui sono creanzati[20] e rispettosi.

Ma disgraziatamente dopo il 1860 le cose hanno mutato aspetto, e la voce *mafiusu* per molti non ha più il significato originario e primitivo.

L'anno 1863 un artista drammatico palermitano, Giuseppe Rizzotto, in compagnia d'un signor Mosca, scrisse e cominciò a rappresentare egli stesso alcune scene della vita delle grandi prigioni di Palermo, alle quali diede il titolo: *I Mafiusi di la Vicaria.* Quelle scene ritraevano con vivezza di caratteri e di tinte le abitudini, i costumi, il parlare dei camorristi[21] di Palermo, e piacquero tanto che ben cinquantaquattro volte furono recitate sui nostri teatri. Le componevano allora solo due atti: ma il Rizzotto, allargando il concetto, ve ne aggiunse un primo ed un quarto come per protasi[22] ed epilogo, e le intitolò senza altro: *I mafiusi.* Poche commedie ebbero tanta fortuna quanta ne trovò questa in Italia, dove nel corso di ventitré anni conta più di due mila rappresentazioni date in molti teatri delle provincie meridionali, oltre a trentaquattro repliche in Roma (1884), ad una versione napoletana, e ad un'altra italiana in tre atti del Rizzotto stesso. Ora il nome e le opere di questi nuovi *mafiusi* son diventati popolarissimi e noti a qualunque classe di persone, fino ai giornalisti, agli uomini politici, al governo.

Entrata per tal modo nella lingua parlata d'Italia, la voce mafia sta a dinotare uno stato di cose che aveva altro nome (vi fu chi disse che non aveva nome). *Esso divenne sinonimo di brigantaggio, di camorra, di malandrinaggio,*[23] senza essere nessuna delle tre cose, o stato di cose, poiché il brigantaggio è una lotta aperta con le leggi sociali, la camorra un guadagno illecito sulle transazioni economiche, il malandrinaggio è speciale di gente volgare e comunissima, rotta al vizio e che agisce sopra gente di poca levatura.[24] Ma se non è nessuna di queste tre cose con le quali comunemente si identifica qualcosa dev'essere. Ch'è mai dunque?

Che cosa sia, io non so dire; perché nel significato che questa parola è venuta oramai a prendere nel linguaggio officiale d'Italia è quasi impossibile il definirla. Si metta insieme e si confonda un po' di sicurtà, di baldanza, di braveria, di valentia, di prepotenza e si avrà qualche cosa che arieggia[25] la mafia, senza però costituirla.

La mafia non è setta né associazione, non ha regolamenti né statuti. Il mafioso non è un ladro, non è un malandrino; e se nella nuova fortuna toccata alla parola la qualità di mafioso è stata applicata al ladro, ed al malandrino, ciò è perché il non sempre colto pubblico non ha avuto tempo di ragionare sul valore della parola, né s'è curato di sapere che nel modo di sentire del ladro e del malandrino il mafioso è semplicemente un uomo coraggioso e valente, che non porta mosca sul naso,[26] nel qual senso l'essere mafioso è necessario, anzi indispensabile.

La mafia è la coscienza del proprio essere, l'esagerato concetto della forza individuale, 'unica e sola arbitra di ogni constrasto, di ogni urto d'interessi, e di idee'; donde la insofferenza della superiorità e, peggio ancora, della prepotenza altrui.

Il *mafiuso* vuol essere rispettato e rispetta quasi sempre. Se è offeso, non ricorre alla giustizia, non si rimette alla legge; se lo facesse darebbe prova di debolezza, e offenderebbe *l'omertà*, che ritiene *schifiusu* o *'nfami*[27] chi per aver ragione si richiama al magistrato.

Egli sa farsi ragione personalmente da sé, e quando non ne ha la forza (*nun si fida*), lo fa col mezzo di altri dei medesimi pensamenti, del medesimo sentire di lui. Anche senza conoscere la persona di cui si serve, ed a cui si affida, *il solo muover degli occhi e delle labbra, mezza parola basta perché egli si faccia intendere*, e possa andar sicuro della riparazione dell'offesa, o, per lo meno, della rivincita.

Chi non ha la forza né l'abilità di farsi giustizia da sé e ricorre ad un altro o di altri nei quali riconosce forza e coraggio (*ci abbasta l'arma*), il che si dice *fàrisi la cosca*, è un *vigliacco*, un *carugnuni*; perché, che cosa è un uomo senza forza e senza coraggio?

… È chiaro, dopo tutto questo, il triste ufficio a cui è stata condannata la voce mafia, la quale era *fino a ieri espressione di una cosa buona e innocente*, ed ora è obbligata a rappresentare cose cattive. Essa ha seguìto la sorte delle voci italiane *baratteria, tresca, assassino, malandrino, brigante*, le quali dal significare cose originariamente buone in sé, finirono col significarne altre nocive alla società.

G. Pitré, *Usi e costumi, credenze e pregiudizi del popolo siciliano*
(Palermo, 1891; repr. Il Vespro, 1978)

Notes

1 A law officer under the Bourbons, named Royal Prosecutor in Trapani in 1838.
2 *Prepotente*, a common word in mafia vocabulary, indicates someone of overbearing power.
3 There are.
4 The term *partito* (party) retained currency for some time, but it has here no political overtones.
5 A landowner.
6 Stolen.
7 Certain magistrates kept them free of scrutiny.
8 The city guard.
9 Palermo.
10 Wherefore, for which reason.
11 The countryside.
12 The experience, that is, of other places, where the middle classes are the supporters of law and order.
13 Of the lowest class.
14 Perforce, of necessity.
15 Are dependent on.
16 The year of Garibaldi's invasion of Sicily, and of the incorporation of the island in the new Italian state.
17 I have mafia brushes (*scope*)! I have some right mafia ones!
18 Worth, value.
19 The behaviour of a *bravo*, i.e. insolence.
20 Courteous.
21 The *camorra* is the organised crime syndicate operating in Naples and Campania. Pitrè uses it of any form of organised crime.
22 Protasis, the early part of a play where the characters are presented.
23 Villany.
24 Culture (literally – upbringing).
25 Which gives life [literally – air] to the mafia.
26 Proverb, equivalent to the English, 'there are no flies on him'.
27 *Schifoso*, i.e. disgusting, while *infame* is the most crushing term of abuse in the mafia vocabulary. The literal translation, infamous, is a pale equivalent of a word which indicates treacherous, cowardly, dishonourable.

3 Evolution

3.1 Organised crime is now endemic to all advanced societies, and it has been become customary to refer to it everywhere as a 'mafia'. The first problem is to ascertain if there are special characteristics which distinguish the criminality of the mafia in Sicily and in Italy from other forms of crime.

C'è una 'singolarità' della questione criminale italiana rispetto a quella degli altri paesi dell'occidente sviluppato?

Non c'è alcun dubbio. Le caratteristiche peculiari della questione criminale italiana sono date dai seguenti fattori.

1 La questione criminale in Italia si identifica quasi completamente con la questione mafiosa.

2 Il nostro è l'unico Paese capitalistico sviluppato ad avere una criminalità che ha superato lo scoglio della modernizzazione, l'ha accompagnata e se ne è servita.

3 In altri paesi le mafie sono state almeno contenute, anche se non debellate. In Italia invece le mafie tracimano da tutti i lati, occupano settori legali e illegali, sono presenti nella politica, nel mercato e nella finanza.

4 Le mafie mantengono il loro insediamento storico in alcune regioni meridionali, di cui sono 'uno degli elementi costitutivi dell'equilibrio sociale e politico', ma si mostrano capaci di aggredire anche le altre regioni meridionali, e quindi capaci di muoversi ampiamente oltre 'la tradizione'.

5 La loro espansione è notevole, riguarda tutto il Paese, anche se si mostra di gran lunga più capace di coinvolgere prioritariamente le altre regioni del mezzogiorno prima non interessate al fenomeno.

6 Fino ad ora tutte le strategie di contrasto sono fallite, anche l'ultima avviata dopo l'assassinio del generale Dalla Chiesa e culminata con l'assassinio dei giudici Falcone e Borsellino, che di quella strategia erano stati i più autorevoli ispiratori.

7 Insomma rispetto a tutta l'Europa sviluppata fenomeni mafiosi

di tale importanza e pericolosità si sono determinati solo in Italia, e si sono localizzati particolarmente in tre regioni meridionali, estendendosi anche alle altre. L'Italia è cioè una nazione a forte presenza mafiosa, che si concentra soprattutto nell'area meno sviluppata (o più arretrata) del suo territorio.

Isaia Sales, *Leghisti e sudisti* (Bari, Laterza, 1993)

3.2 Ipotesi di periodizzazione: continuità e trasformazione. Umberto Santino has written extensively not only on the Sicilian mafia but also the growth of other 'mafias' worldwide. In this piece, he considers the historical phases of mafia development, highlighting its capacity simultaneously to conserve and alter certain defining characteristics.

Se le idee di mafia hanno sofferto di semplificazione e polarizzazione, le idee sull'evoluzione storica del fenomeno mafioso hanno sofferto un altro tipo di malattia che si potrebbe indicare come 'sindrome della caduta e dello snaturamento'.[1]

Il luogo comune più diffuso contrappone a una nebulosa 'mafia vecchia', una sorta di cavalleria rusticana erede di mitici giustizieri,[2] un'altrettanto nebulosa 'mafia nuova', decaduta a mera delinquenza. Mafia vecchia e mafia nuova, mafia tradizionale e mafia imprenditrice sono stereotipi che pretendono di tagliare con il coltello un percorso storico che non si presta alle semplificazioni e alle periodizzazioni troppo rigide, se non totalmente gratuite.

Le distinzioni che si fondano su un criterio generazionale, buono per tutti gli usi, o mettono l'accento sullo 'snaturamento', per cui la competizione per l'onore e il potere, che avrebbe caratterizzato la mafia tradizionale, sarebbe stata sostituita nel corso degli anni '70 da quella per la ricchezza (e questo sarebbe l'effetto 'snaturante' dell'inserimento nel traffico di droghe: una sorta di peccato originale che avrebbe sospinto fuori dall'Eden la mafia attuale, causa prima della feroce deregulation dei 'corleonesi'), sono prive di qualsiasi fondamento. La mafia, come del resto tutti i fenomeni di durata che per essere tali non possono non avere un notevole grado di elasticità, si è sviluppata intrecciando *continuità e trasformazione*, attaccamento alle radici e capacità di modernizzarsi e inserirsi nei processi di modernizzazione del contesto sociale, cavalcandoli e pilotandoli, o anche precedendoli e organizzandoli. Così ci troviamo a un intreccio di aspetti vecchi, o anche arcaici, con aspetti moderni o postmoderni e al di là di contraddizioni apparenti, tale intreccio si fonda su una reciproca funzionalità dei vari aspetti. Un esempio: la 'signoria territoriale'[3] esercitata dai gruppi mafiosi è un aspetto arcaico, che rimanda al *dominium loci* anteriore alla formazione dell'istituzione statuale, ma essa si è dimostrata funzionale all'inserimento dei gruppi mafiosi nei traffici internazionali, con la possibilità di installare e far funzionare a pieno regime e senza nessun disturbo per molti anni laboratori per la produzione di eroina in aree capillarmente controllate, come pure può tornare utile per compiere operazioni di riciclaggio, almeno per un certo tempo, avvalendosi di istituzioni finanziarie e tecnici locali.

La declinazione di continuità e di trasformazione nel percorso storico delle organizzazioni mafiose non toglie la possibilità di distinguere delle fasi, sulla base dell'individuazione di un aspetto prevalente rispetto ad altri e con riferimento ai mutamenti del quadro sociale e agli adeguamenti ad essi da parte delle organizzazioni.

Un quadro sintetico dell'evoluzione storica della mafia può così delinearsi:

1   una lunga fase di incubazione, dal XVI secolo ai primi decenni del XX secolo, in cui piú che di mafia vera e propria si può parlare di 'fenomeni premafiosi'. Ritengo che sia legittimo e utile scavare in questa 'preistoria', evitando ovviamente schematizzazioni e semplificazioni all'insegna del senno di poi;
2   una fase agraria, dalla formazione dello Stato unitario agli anni '50 del XX secolo, con delle subfasi al suo interno;
3   una fase urbano-imprenditoriale, negli anni '60;
4   una fase finanziaria, dagli anni '70 ad oggi.

Per 'fenomeni premafiosi' intendo le attività delittuose regolarmente impunite di gruppi armati al servizio dei baroni della Sicilia occidentale e le finalità accumulative[4] di alcune forme delittuose, come per esempio i sequestri di persona con richiesta di riscatto, i furti di animali (abigeato), la riscossione di 'pizzi', documentata al mercato della carne (la Vucciria) di Palermo dal 1500.

... Con la creazione dello Stato unitario in Italia si afferma un blocco dominante composto dai grandi industriali del Nord e dai proprietari terrieri meridionali e in Sicilia la mafia, formata in buona parte dagli affittuari dei latifondi e capillarmente presente nei giardini d'agrumi della Conca d'oro palermitana e nei quartieri della capitale, fa parte di tale blocco. Le sue funzioni principali sono: l'accumulazione del capitale, il controllo e la repressione del movimento contadino – suo principale antagonista dai Fasci siciliani (1892-94)[5] alle lotte per la riforma agraria degli anni '40 e '50 – il governo locale, la mediazione tra comunità locale e le istituzioni centrali. Essa è uno dei pilastri del sistema clientelare attraverso cui avviene l'integrazione del Mezzogiorno nel contesto nazionale. Questa fase, che copre quasi un secolo, non è un *immobile continuum*, ma al suo interno è possibile distinguere delle subfasi: da un periodo iniziale che è stato definito un po' troppo all'ingrosso di 'opposizione mafiosa' (i documenti ufficiali tendono a mettere in un unico mazzo criminali e oppositori) si passa, con l'andata al potere della Sinistra, alla 'legalizzazione politica della mafia'; segue la repressione fascista che però si arresta davanti agli strati piú alti, i proprietari terrieri integrati nel regime dittatoriale; nel dopoguerra la mafia riprende tutta la sua vitalità ed ha un ruolo di primo piano nel periodo di transizione che porta alla nascita della prima repubblica e alla formazione di un blocco di potere al cui centro sono ancora agrari e strati conservatori.

La fase urbano-imprenditoriale comincia dalla seconda metà degli anni '50 e non si configura tanto come trasferimento dei gruppi dalla campagna nelle città (anche per la mafia agraria la capitale, come centro degli affari e della relazioni sociali, è Palermo) quanto come inserimento di essi nei processi che vedono il ruolo sempre minore dell'agricoltura, con l'avvio di un imponente flusso migratorio conseguente alla sostanziale sconfitta delle lotte contadine, la terziarizzazione[6] crescente dell'economia meridionale, lo sviluppo delle città, con il lievitare della speculazione edilizia, e la centralità della spesa pubblica.

Un ruolo decisivo nella nascita del mafioso-imprenditore ha il denaro pubblico, sotto forma di appalti di opere pubbliche e di finanziamenti erogati da istituti di credito di diritto pubblico. La mafia imprenditoriale nasce come *borghesia di stato*, intendendo per tali gli strati medio-alti che si formano e assumono un ruolo dominante per il loro collegamento con le fonti di denaro pubblico e le istituzioni.

La proposta di definizione della mafia attuale come 'mafia finanziaria', cioè come una grande illegale macchina di accumulazione del capitale illegale, collegata con il traffico internazionale di droghe e inserita nei circuiti mondiali di riciclaggio, non vuol dire nè che i mafiosi sono diventati tutti finanzieri (anche se alcuni di essi lo sono in prima persona) e neppure che mentre i mafiosi imprenditoriali sarebbero 'produttivi' i mafiosi-finanzieri sarebbero 'parassitari'...

Umberto Santino, *La mafia interpretata,* (Palermo, Rubettino, 1995)

3.3 Antonino Cutrera, writing in 1900, examines the rural mafia active in his own time, but identifies many of the characteristics which will define the mafia in all phases.

Ora parleremo dell mafia dell'agro palermitano, cioè della Conca d'Oro...[7] È' indubbio che lo sviluppo della mafia nella Conca d'oro si accentuò, e prese il sopravvento su quella di tutte le altre contrade della Sicilia, quando con lo sviluppo [del] commercio degli agrumi, cioè con il principio di questo secolo, si sviluppò potentemente la cultura degli aranci e dei limoni, che se da un lato formarono la ricchezza di tanti proprietari di terreni irrigabili, dall'altro fece sviluppare maggiormente il sentimento della mafia, per la mancanza di polizia in questi giardini, e perciò il bisogno di creare i guardiani privati, che sono l'elemento necessario perchè la mafia possa germogliare rigogliosamente...

La proprietà di tutto questo territorio è frazionata tra migliaia di possidenti, la maggior parte dei quali vive di rendita e di censi e perciò se ne sta in città a godersi la vita, dando le loro proprietà in gabella, assicurandosi un reddito annuo, senza pigliarsi alcun grattacapo. Per conseguenza in tutti questi giardini noi vediamo dei gabelloti, che appartengono alla classe agricola benestante, perchè il gabelloto povero non può esistere, essendo assolutamente necessario a qualsiasi gabelloto anticipare il prezzo della gabella per il primo anno, e sopportare, almeno per un anno, tutte le spese per la coltivazione degli agrumi.

Intanto sia il gabelloto che il proprietario di giardini, oltre alla necessità personale per la coltivazione degli agrumi, hanno bisogno dei guardiani, per fare custodire il fondo dalle ruberie, che non mancherebbero di essere commesse qualora i giardini dovessero restare incustoditi, essendo gli agrumi un genere di produzione che tenta facilmente i ladri di campagna, per i lucrosi profitti che se ne ricavano, e per la facilità dello smercio.

Per conseguenza in mezzo a tutti questi giardini a contatto l'uno con l'altro vi stanno migliaia di guardiani i quali formano delle estese catene di amici e compari.

… Accade spesso che qualcuno di questi padroni di giardini, gabelloti ed anche alcune volte guardiani, eccellono su tutti i padroni di giardini, gabelloti e guardiani della contrada, per causa dei loro precedenti penali,[8] essendo noti come reduci del carcere per omicidi commessi, per temerità e tenacità di proposti, per fermezza di sentimenti di vendetta, per l'importanza delle aderenze e delle relazioni personali, con persone facinorose di altre contrade vicine e lontane, e coi pezzi grossi[9] di Palermo; avvocati, consiglieri comunali e provinciali, commendatori[10] piú o meno influenti, onorevoli,[11] ed insomma con gente che *bon gré o mal gré* è costretta a far loro buon viso, per essere aiutata nelle elezioni.

Perciò, quando qualcuno di questi racchiude tali qualità, allora senz'altro, per tacito consenso dei facinorosi della contrada, è da tutti riguardato come capo mafia.

Nulla accade in quel ambito di territorio, senza che il capo mafia, eletto per spontanea acclamazione dei suoi sudditi, non sappia tutto quel che si dice, che si pensa o che si fa nel suo regno.

Egli è il consulente legale ed il giudice conciliatore della contrada, tutti si rivolgono a lui per consigli, per avere protezione, per avere raccomandazioni, per essere difesi da un preteso torto, o per vincere un preteso diritto. Guai a chi si oppone alla volontà del capo, l'uomo che non volesse sottostare ai suoi giudizi, e resistere ai suoi ordini, sarebbe un uomo morto.

Antonino Cutrera, *La Mafia e I Mafiosi, 1900*
(New edn, Cerchio, Adelmo Polla, 1988)

3.4 Giuseppe Fava was a journalist, novelist and playwright from Catania, killed in 1984 outside a theatre where an anti-mafia play of his was being performed. In this piece, he considers the transition from rural to urban mafia.

La moderna scienza sulla mafia suole affermare che non esiste piú alcuna differenza tra la mafia agricola e quella cittadina. La prima sarebbe stata sopraffatta dalla seconda, letteralmente cancellata dalla società siciliana. Non è vero. Piú semplicemente è accaduto che la mafia agricola si è trasformata, ha seguíto le necessità dei tempi politici e della società economica. Ha trasformato il suo stile e la sua ricchezza. Si è spogliata dei vecchi abiti contadini per indossare quelli del banchiere, del grande imprenditore, dell'uomo politico candidato ad un ufficio di ministro. Ha compiuto un autentico salto di cultura.

Per capire tuttavia il senso degli avvenimenti e la loro tragica importanza, dovremo prima perfettamente intendere la differenza fra mafia agricola e mafia cittadina, e percorrere le pagine della loro terribile guerra. Via via vedremo balzare fuori dagli eventi, uno ad uno, i personaggi della storia mafiosa, soprattutto quelli che la esemplificano in modo perfetto.

Stabiliamo anzitutto che la mafia agricola è stata per decenni, nel dopoguerra, quella tradizionale e arcaica che dominava nelle immense campagne dell'entroterra siciliano, e mafia cittadina invece quella che, dagli anni cinquanta, si avventò alla conquista dei capoluoghi e soprattutto della capitale Palermo.

L'uno e l'altro tipo di mafia hanno avuto in comune solo l'ideale della violenza, come strumento di potere, ma si sono sempre profondamente differite in tutti gli aspetti della loro genesi criminale, negli interessi che perseguivano, nella organizzazione delittuosa, nelle complicità, nei sistemi dell'assassinio, persino

43

nella mentalità e nella consistenza sociale e umana dei personaggi. Naturalmente, pur agendo in due territori completamente diversi, poteva accadere che la mafia di campagna si scontrasse con la mafia della città, soprattutto alla periferia dei grandi centri urbani, anzi piú esattamente che pattuglie dell'una e dell'altra parte si dessero improvvisamente battaglia. Episodi di inaudita violenza e crudeltà che si lasciavano dietro decine di cadaveri e si concludevano con lo sterminio dell'una o dell'altra avanguardia. Poi tutto si ricomponeva nella quiete. Per molti anni sono state soltanto battaglie di confine. La piú remissiva e condiscendente appariva la mafia agricola, alla quale bastava avere a Palermo solo un diritto di accesso a Palazzo d'Orléans, reggia del parlamento regionale e del potere politico.

La mafia agricola pareva non avesse altri interessi. Rappresentava il ceppo antico e tradizionale della mafia, quella nata cento anni prima nei feudi baronali per difendere il privilegio della nobiltà contro l'ansia di rinnovamento sociale della popolazione miserabile e contro le incursioni dei delinquenti comuni. Anche nel dopoguerra non modificò il suo volto: si difendeva, non aggrediva. Si limitava a spogliare lo Stato delle sue funzioni, talvolta a penetrare nella struttura stessa dello Stato, e quindi ad identificarsi con esso. Per decenni ha cercato di difendere la potenza già acquisita, le grandi proprietà terriere; amministrare le acque per irrigazione, la costruzione delle opere pubbliche, strade, ponti, acquedotti, dighe, ferrovie; respingere tutte le riforme sociali che potessero intaccare i suoi privilegi ed i suoi averi; e poiché le opere pubbliche e le riforme sociali dipendono dai parlamenti, ha cercato di influire direttamente sulle vicende politiche affinché in parlamento sedessero uomini che destinassero quelle opere pubbliche e operassero quelle riforme sociali nel senso piú opportuno e utile.

Ecco dunque le caratteristiche essenziali della mafia agricola: essa rappresentava gli interessi piú retrivi e conservatori della società e costituiva una forza politica. Disponeva di un certo numero di voti, strappati con la violenza, con il terrore, con la corruzione, in un ambiente dove l'ignoranza dei poveri favoriva le prepotenze mentali, e manovrava questi voti nella direzione piú utile. Non poteva determinare la vittoria di un partito sull'altro ed in questo senso si deve ammettere che la mafia ha influito in modo impercettibile sui risultati politici siciliani, ma poteva tuttavia determinare l'elezione o meno dell'uno o dell'altro candidato della medesima lista...[12]

La differenza (fra mafia agricola e mafia urbana) apparve subito brutale: la mafia agricola era nata dalla difesa del privilegio, quindi dal presupposto di una società povera e miserabile; la mafia cittadina invece nasceva dalla nuova ricchezza della città, anzi era una lotta continua per la spartizione e la conquista di questa ricchezza: ferocissima, spregiudicata, rapida, non si interessava tanto di politica poiché c'erano cose che nemmeno gli uomini politici possono garantire o dare in cambio. Semmai cercava di corrompere, o farsi complice, il funzionario che aveva in mano le leve dell' amministrazione. Era dotata di armi micidiali, pistole mitragliatrici di fabbricazione belga o americana, fucili automatici e pistole col silenziatore, congegni esplosivi ad orologeria, bombe al plastico, automobili con cristalli a prova di proiettile e motori truccati, sapeva usare quei mezzi con abilità micidiale, e li usava facilmente, senza esitazione: sparava, incendiava, distruggeva, uccideva. Al vecchio Genco Russo[13] appariva una terribile americanata.[14] In tutta la sua vita, per dominare mezza provincia egli aveva dato solo tre schiaffi.

Agli inizi in realtà fu gangsterismo puro, in una dimensione umana e sociale particolare, quella siciliana, dove la fantasia o l'ambizione dell'individuo non hanno freno. La ricchezza che negli anni settanta la mafia cittadina cercò di conquistare era costituita già da beni ed interessi tipicamente moderni.

1) Il mercato degli elettrodomestici. Con il progredire del benessere si era registrata in tutti i ceti sociali una corsa all'acquisto del televisore, dell'apparecchio radio, del frigorifero, un piccolo boom commerciale determinato non solo dalla possibilità d'acquisto rateale,[15] ma anche dalla momentanea ondata di benessere che si era fatta sentire anche nelle città del sud italiano. Una società criminale che riusciva a controllare il mercato degli elettrodomestici (che avesse cioè il monopolio della vendita in talune zone ed eliminasse qualsiasi concorrenza) controllava in un anno un giro d'affari di centinaia di miliardi.

2) Il mercato ortofrutticolo, il mercato delle carni da macello, il mercato dei fiori, il mercato delle ghirlande per i funerali. Settore quest'ultimo fra i piú insanguinati nella lotta fra le varie gang, che cercavano di conquistare il lugubre monopolio in tutte le attività economiche che fanno capo ai cimiteri dall'organizzazione delle cerimonie funebri, all'offerta di fiori, alla vendita delle bare, alla costruzione dei monumenti tombali. La morte e quindi i funerali costituiscono un genere di consumo che non può mai accusare flessioni. E' il mercato piú stabile.

3) Gli appalti dei lavori pubblici. Uno dei settori piú importanti e redditizi poiché i miliardi vi correvano già dentro a centinaia. La Regione, oppure la Cassa del Mezzogiorno,[16] stanziava cinquanta miliardi per costruire una diga o una centrale termica. Si aggiudicava l'appalto naturalmente la ditta che, a busta chiusa, faceva lo sconto piú alto sui cinquanta miliardi, cioè si offriva di costruire quell'opera pubblica alla cifra piú bassa e quindi piú conveniente allo Stato. Teoricamente le offerte, tutte in busta sigillata, avrebbero dovuto essere segrete, ma gli antagonisti si conoscevano, si valutavano, avevano informatori, complicità, indiscrezioni.

Per battere l'avversario che offriva il 20% di sconto, sarebbe bastato offrire il 25%. Ma allora il guadagno sarebbe stato troppo esiguo e si sarebbe corso il rischio di un passivo. Ci si voleva aggiudicare invece l'opera con un semplice 10%, in modo che l'utile fosse nettissimo e sicuro. E allora si eliminava la concorren- za. Se il concorrente resisteva gli si faceva saltare la casa per ammonirlo a sgombrare il campo, gli si metteva una bomba al plastico nell'auto, gli si incendiava il cantiere di lavoro. Se non si arrendeva lo si uccideva.

4) Il contrabbando delle sigarette, della valuta e della droga. Già negli anni sessanta, quasi tutte le grandi linee del contrabbando internazionale passavano per il centro del Mediterraneo e spesso approdavano sulle spiagge siciliane piú remote e deserte, nel sud e nell'occidente dell'isola. La mafia gestiva in proprio, per vecchie tradizioni criminali, il contrabbando delle bionde (sigarette americane), ma si limitava soltanto a controllare il mercato clandestino degli stupefacenti. Praticamente garantiva impunità, rifugio, protezione, informazioni, forse anche complicità a livello

burocratico, esigendo in cambio una percentuale. In sostanza una specie di taglia che la mafia imponeva all'organizzazione criminale della droga, che aveva le sue basi di partenza ad Istanbul, Algeri, Marsiglia, ma doveva necessariamente fare una tappa di smistamento in Sicilia. Nella realtà, in quel tempo, la mafia non aveva ancora intuito quali montagne di denaro la droga potesse spostare da un continente all'altro....

5) In quel tempo, in quegli anni Sessanta, la preda piú importante, perché visibile, a portata di mano, immediata, ed oltretutto la piú pingue, era tuttavia il mercato delle aree fabbricabili[17] a Palermo. E fu proprio su questo terreno, l'immensa periferia di Palermo, ancora brulicante di bidonville, che avvenne fatalmente lo scontro fra mafia agricola e mafia cittadina. Le scaramucce di confine si trasformarono in una prima terribile battaglia, e la battaglia divenne guerra.

Giuseppe Fava, 'Il tempo dei patriarchi', in *Mafia*
(Rome, Editori Riuniti, 1984)

3.5 The so-called 'Sack of Palermo' was an environmental disaster for the city, but an important stage in the evolution of mafia from rural to urban phenomenon. Many of the famous palaces and parks inside the urban area were destroyed to provide land for the construction of graceless high rise flats, but the takings for the mafia and for certain political figures were substantial.

Alla fine degli anni Sessanta, il giornalista Mario Farinella non riusciva a trattenere il suo sbalordimento di fronte alla regale dimora di un esponente di primo piano (della vita politica di Palermo), da lui conosciuto anni prima, quando abitava una casa 'modesta, arredata con mobili di poco prezzo, impersonale e grigia':

Mi trovo nel bel mezzo dei quartieri alti, di fronte ad una palazzina di gran lusso, bianca di marmi, con un fruscio di alberi e un refrigerante scenario verde sul retro. Marmi anche all'interno e quadri di buona epoca, mobili di ogni stile, ori antichi intatti nel loro splendore, esposizioni di gioielli, monete, reperti archeologici, preziosissimi crocefissi d'avorio in profana promiscuità con panciuti Budda di giada. Avevo la sbalordita impressione

47

di trovarmi dinanzi al pingue e disordinato bottino di un corsaro. E il personaggio era lì, in vestaglia lunga; si sbaciucchiava con i suoi capi elettorali convenuti dal circondario. Era proprio lui, l'uomo che avevo conosciuto agli inizi della sua carriera politica, povero come un Giobbe: mi chiedevo quale sortilegio gli avesse fatto scaturire attorno quel fiume d'oro.

Oggi lo stupore di Farinella sarebbe incomprensibile, anzi ci stupiremmo del contrario, perché il caso descritto rappresenta ormai la norma: chiunque potrebbe elencarne parecchi soltanto nell'ambito delle proprie conoscenze. E in fondo non lo era neppure allora, se lo stesso giornalista un anno dopo riconosceva che

a voler fare i nomi e gli inventari degli uomini politici che partiti da zero ci guardano ora dall'alto del loro miliardo e passa, ci sarebbe da mettere mano al calcolatore elettronico. E non è cosa nostra. Quel che soprattutto ci preme additare ancora una volta è la ampiezza del fenomeno, la ricchezza facile che scaturisce quasi sempre dai sotterranei intrecci tra politica e affarismo, dal tristo connubio tra clientelismo, mafia e politica. Perché non si può arricchire facendo soltanto ed esclusivamente politica, esercitando le funzioni di sindaco, di assessore, di deputato... [18]

Il boom edilizio e le irregolarità amministrative ad esso connesse contribuirono notevolmente al rafforzamento della mafia urbana e a rendere più organici i rapporti tra politici e mafiosi, che negli anni tra Quaranta e Cinquanta erano invece soprattutto di natura elettorale. Dopo la crisi del separatismo,[19] la mafia si era schierata dalla parte dei monarchici e dei liberali, ma nel corso degli anni Cinquanta, con il passaggio delle vecchie forze del blocco agrario dal Pnm e dal Pli alla Dc,[20] anch'essa si indirizzò verso il maggiore partito di governo e scoprì l'edilizia, un settore che inizialmente – quando già enti sovvenzionati e società private avevano avviato la grande speculazione – non aveva attirato il suo interesse. Sia pure con ritardo, anche la mafia urbana cominciava quindi a partecipare alla torta della speculazione edilizia ottenendone lucri mai realizzati in precedenza, che la rafforzavano notevolmente, in una fase in cui invece la mafia dei feudi era in dissoluzione, a causa prima della riforma agraria che aveva lottizzato[21] numerosi latifondi e successivamente della crisi dell'agricoltura come conseguenza dell'abbandono delle campagne da parte dei contadini. Grazie ad indovinate coperture politiche, elementi mafiosi cominciarono ad occuparsi direttamente di aree fabbricabili, ad aprire cantieri edili, ad imporre agli altri costruttori di servirsi di determinati fornitori, a fornire essi stessi i materiali necessari (calcestruzzo, ferro, sanitari, ecc.), a controllare gli appalti pubblici e a regolarne la distribuzione, ad imporre subappalti e cottimi. Il mezzo più convincente nei confronti dei riluttanti era l'avvertimento a base di tritolo che colpiva gli impianti e, nei casi estremi, una raffica di mitra.

L'esplosione del fenomeno mafioso in città è stata spessissimo attribuita ad un inserimento della mafia dei feudi nella società urbana, dimenticando che a Palermo la mafia aveva avuto la sua culla, vi era in ogni caso fortemente radicata e controllava il mercato ortofrutticolo (impedendo, ad esempio, l'accesso dei produttori alle operazioni di mercato), il contrabbando dei tabacchi e gli agrumeti della Conca d'Oro, ancora numerosi. Un attento esame dei fatti rivela inoltre che – tranne Liggio[22] negli anni Settanta – raramente qualche esponente della mafia dei feudi è riuscito a trovare spazio in città: i tentativi di inserimento dall'esterno furono quasi tutti spietatamente stroncati nel sangue. Neppure i capimafia di borgata[23] trovarono facile inserimento e parecchi di essi caddero nel vano tentativo di ammodernamento dei metodi di sfruttamento parassitario, nella fase di passaggio dalla mafia dei giardini[24] alla mafia dell'edilizia. La nuova mafia sorta all'ombra dei grattacieli, che aveva sostituito la lupara con il mitra, l'agguato dietro la siepe con la sparatoria dall'auto in corsa, non tollerava intrusioni di sorta. Il prototipo del nuovo mafioso-gangster è Angelo La Barbera, figlio di un venditore di carbonella della borgata di Pallavicino, che tra il '52 e il '63 si trasformava in un facoltoso e dinamico imprenditore edile e nel capo della 'famiglia' di Palermo centro. Così ne parlano Chilanti e Farinella:

Irruente, volitivo, di modi sbrigativi, amabile e generoso con gli amici e con gli estranei, autoritario con i gregari, lo avresti visto più nelle mansioni di un giovane e capace capitano d'industria che non in quelle abiette di capo di una vasta associazione criminale... Del vecchio costume mafioso aveva conservato soltanto la prepotenza, il disprezzo per il diritto altrui, l'arte sottile di alimentare i rapporti con gli uffici, gli enti, le

49

personalità politiche del momento; per quelle che in certi ambienti vengono ancora considerate le antiche virtù della mafia – prudenza, pazienza, accomodamento – nutriva, invece, avversione e disdegno. Aveva quasi un battaglione di picciotti sui quali poteva contare, ma spesso preferiva scendere in campo lui stesso... Per la sua azione e per le sue attività aveva scelto quanto di più moderno e lucroso poteva offrire l'odierna società palermitana: gli appalti, i trasporti di materiale, i cantieri, la speculazione edilizia e, in subordinata, il contrabbando.

La vecchia mafia non rimase a guardare e la lotta tra cosche insanguinò le strade della città e culminò nella strage di Ciaculli (giugno '63): una Alfa Romeo 'giulietta' imbottita di tritolo esplose uccidendo gli agenti dell'ordine accorsi a disinnescarla. La pronta risposta dello Stato con l'arresto e l'invio al confine di numerosi pregiudicati determinò una tregua tra le cosche sin quasi alla fine degli anni Sessanta... Importa rilevare che l'edilizia non rimase a lungo il principale campo di attività della nuova mafia, la quale negli anni Settanta trovò altre fonti di accumulazione nei sequestri di persona, nei flussi di spesa pubblica destinati all' agricoltura (sovvenzioni statali, comunitari, regionali), nel mercato della droga, che faranno passare in secondo piano l'impegno nel settore edilizio, che peraltro ha attraversato periodi di congiuntura sfavorevole. Ormai, la mafia non era più un fenomeno limitato alla sola Sicilia occidentale, ma aveva esteso le sue ramificazioni anche al di là dell'isola, nell'Italia settentrionale, dove ad esempio sono avvenuti i più importanti sequestri di persona, da cui invece la Sicilia rimaneva per certi versi immune: i pochi sequestri verificatisi nell'isola, più che da motivazioni estorsive, sono stati determinati dalla esigenza di alcune cosche di affermare il proprio predominio screditando le cosche rivali, non più in grado di assicurare protezione. E, allo stesso modo, l'assassinio di magistrati, funzionari statali e dello stesso presidente della Regione, oltre che come messaggio denso di una potente carica di intimidazione rivolto ai colleghi della vittima, va interpretato come strumento di lotta tra 'famiglie' rivali, grazie al quale spesso autori e mandanti riuscivano ad indirizzare contro gli avversari la repressione dello Stato, che di solito fa seguito all'omicidio di ogni funzionario.

Orazio Cancila, *Palermo* (Bari, Laterza, 1988)

Notes

1 Syndrome of the Fall and changed nature.
2 *Cavalleria rusticana* is the title of a short story by Giovanni Verga, which could be translated as 'village chivalry', while the *giustiziere* is an avenger, a righter of wrongs operating outside the law. The mythical sect were the *Beati Paoli*, a legendary clandestine organisation of *giustizieri* who protected the innocent from oppression.
3 A term coined by Santino to denote the command over a given area exercised by an individual mafia gang. *Dominium loci* has the same sense in Latin.
4 The objective of accumulating (capital, or wealth).
5 A socialist movement among the peasantry.
6 Economic jargon for the decline of productive activity and the growth of the service sector.
7 *Agro* is the countryside, and *Conca d'Oro* a poetic term for the basin in which Palermo is situated.
8 Previous convictions.
9 'Big shots'.
10 A title of honour awarded by the State.
11 The title given to Members of Parliament.
12 Under the proportional representation system, each party presented a list of candidates from which the voter could make his own choice.
13 Giuseppe Genco Russo (1893-1976), a high ranking mafioso, widely viewed as supreme mafia boss after death of Calogero Vizzini.
14 American innovation.
15 Hire purchase.
16 A government body set up in 1950 to oversee the development of the South.
17 Areas wth building permission.
18 Mario Farinella, *Diario Siciliano* (Palermo, Flaccovio, 1977), p. 85.
19 The Sicilian separatist movement active in the immediate post-war years.
20 Partito Nazionale Monarchico, Partito Liberale Italiano and Democrazia Cristiana.
21 Divided up.
22 Luciano Liggio (or Leggio), head of *cosca* from Corleone.
23 The towns surrounding Palermo.
24 Orchards.

51

4 Code and culture

4.1   The mafia has, in the purely anthropological sense of the term, a culture with rules and beliefs which dictate aspects of its conduct. This culture has been adapted and altered in history but, while studying the contemporary mafia, Pino Arlacchi found it of value to examine the code which contemporary mafiosi had inherited from their own past.

Cosa significa *comportarsi in maniera mafiosa?*

Significa *farsi rispettare*, essere *uomini d'onore*, capaci di vendicare con le proprie forze qualunque offesa arrecata alla propria personalità ed alle sue estensioni, e capaci di arrecare qualunque offesa ad un nemico. Tale comportamento, sia se di tipo difensivo che aggressivo, viene non solo giustificato ma incoraggiato ed idealizzato dalla particolare cultura in cui vive il mafioso, anche se il ricorso alla violenza si scontra con il diritto statale. Anzi, una parte significativa del prestigio/potere conferito dal gesto mafioso deriva proprio dal fatto che esso costituisce un'aperta infrazione delle norme e delle istituzioni giuridiche ufficiali.

La mafia è un comportamento e un potere, non una organizzazione formale.[1] Comportarsi in maniera mafiosa significa comportarsi in modo *onorevole*, in modo cioè conforme a quelle regole di coraggio, astuzia, ferocia ed uso della rapina e della frode che, ancora negli anni Quaranta di questo secolo, giocano un ruolo cruciale nella cultura di molte aree della Sicilia occidentale e della Calabria meridionale. 'Era veramente valente e nessuno poteva tenergli testa'; 'di solito non era un violento, ma nelle occasioni in cui fu costretto ad esserlo, sbalordì la gente e stordì gli avversari. Sei o sette volte capitò questo e ancora se ne parla come di fatti legendari': cosí viene descritto un mafioso di villaggio in un libro che può essere considerato una specie di trattato popolare sulla mafia tradizionale. Ai membri della società descritta ne *La vera storia del brigante Marlino Zappa*,[2] la parola *onorevole* non denota altro che l'affermazione di forza superiore. Onorevole significa 'eccezionale', 'degno', significa 'prepotente'. Un atto onorifico è, in ultima analisi, poco diverso da un atto di aggressione ben riuscito (non importa se in risposta ad una precedente offesa o per iniziativa autonoma dell'aggressore).

Fino a qualche decennio fa, la maggioranza della popolazione della provincia di Reggio Calabria usava la parola greca *'ndrangheta* per indicare un ordine elevato di eroismo e di virtú, incarnato in una élite di uomini superiori, gli *'ndranghetisti*. *'Ndranghetista* significa 'membro della onorata società', ma piú generalmente designa – come nella Grecia classica – ogni uomo valente e fiero, sprezzante del rischio, deciso a tutto e senza scrupoli. L'ideologia dello *'ndranghetista* consiste nella *omertà*, e cioè nella capacità di essere uomo. Attenersi alle regole *dell' omertà* significa aderire ad un sistema di doppia morale: quella vigente tra membri dello stesso gruppo e quella, di segno opposto, valevole per le relazioni con gli estranei. Significa coltivare 'il bel tatto, le belle maniere, l'educazione, la gentilezza, la bontà, la persuasione con le buone e col ragionamento' nei rapporti con gli altri *'ndranghetisti*...

Mafia e 'ndrangheta, mafioso e 'ndranghetista sono sinonimi. Agli occhi delle popolazioni locali, queste parole designano la categoria e le persone degli uomini d'onore. Nelle aree mafiose della Sicilia e della Calabria tradizionali, l'onore è l'unità di misura del valore di una persona, di una famiglia o di una cosa. Esso si esprime sotto forma del rispetto e della stima tributati a certe persone ed è strettamente connesso al possesso di particolari qualità ed al compimento di particolari gesta. Il comportamento mafioso è parte di un sistema culturale centrato sul tema dell'onore conseguito per mezzo della violenza individuale...

L'onore

Essere un uomo, significa, in una zona mafiosa, dimostrare di essere orgogliosi e sicuri di sé, pronti a reagire con rapidità ed efficacia alle minacce dell'onore individuale e familiare che nascono numerose dall'arena 'sociale: 'Per vivere in quei luoghi – ricorda Asprea nel suo scritto autobiografico[3] – prima di essere contadini e lavoratori, bisogna essere belve. Prudenti e rispettosi; ma pronti ad azzannare colui o coloro che davano incentivo alla lotta'...

Nei sistemi culturali di tipo mafioso, la forza personale dell'individuo conta piú immediatamente ed ovviamente che altrove nel determinare la distribuzione dell'onore tra i diversi membri della società e tra i diversi gruppi familiari in competizione. Né la nascita né le istituzioni hanno un'influenza determinante sulla forma di questa distribuzione. Uomini d'onore si diventa, non si nasce. La competizione per l'onore è libera. Chiunque può entrare in gara. L'élite degli uomini d'onore si forma attraverso un duro processo di selezione che avviene sulla base di un confronto competitivo tra persone...

La competizione per l'onore non viene accuratamente delimitata ed istituzionalizzata, come avviene nelle moderne forme di conflitto sportivo, scolastico, mercantile e nella lotta di classe e di gruppo. Come in guerra, la regolamentazione è minima e tutti i mezzi sono buoni. Vengono perciò trasferite nella lotta tra uomo e uomo le forme piú arcaiche del conflitto sociale: la rapina, la devastazione, il sequestro e la strage. L'aggressione diventa la forma accreditata dell'azione.

Modelli intermedi di regolazione istituzionale dello scontro, come il duello, non si sono mai imposti in forma stabile ed esclusiva. L'uso senza limiti della frode e dell'agguato finisce cosí col decidere la vittoria anche nei conflitti mafiosi iniziati con il rispetto delle regole della cavalleria.

Lo scontro tra il capomafia Criazzo ed il giovane sfidante Gemina illumina bene quanto stiamo affermando. Il capraio Gemina accusa Criazzo di collusione con l'autorità giudiziaria e con i ricchi del paese allo scopo 'di trarre personali vantaggi'. Il duello tra i due si conclude con la vittoria del mafioso piú giovane e con il ferimento grave del capomafia, che viene ricoverato in ospedale.' Dopo due mesi e cinque giorni di degenza, Criazzo ritornò a casa. La notte seguente, si recò da Vincenzo Gemina, il quale dormiva in una capanna. Lo chiamò fuori e lo stese morto davanti all'uscio con due colpi di fucile... Il funerale fu imponente. L'intero paese seguiva il feretro del valoroso capraio ed in prima fila c'era l'uccisore'.[4]

Onore e giustizia

Una importante conseguenza della guerra di tutti contro tutti che domina le aree caratterizzate dalla presenza del fenomeno mafioso consiste nel fatto che nulla, in fondo, può essere realmente ingiusto. L'onore è connesso alla prepotenza ed alla forza fisica piuttosto che alla giustizia. L'opinione della comunità territoriale rimane largamente indifferente alle questioni di 'ragione' e di 'torto', di 'giustizia' e di 'ingiustizia', in caso di conflitto tra due famiglie, due gruppi parentali o due individui. Essa tende a dare la sua preferenza alla parte che alla fine si rivela vincente, indipendentemente dalle cause originarie dello scontro.

L'assassinio di Andrea, avvenuto a Genuardo nel 1919 e quello di Cesare che accadde l'anno seguente erano stati messi in atto da Alessandro Cassini, allo scopo di ottenere il riconoscimento delle sue pretese di dominio territoriale. Nel paese di Genuardo, questo tipo di pretese non si mettevano in discussione: il padre di Andrea accettò la sconfitta, ed assecondò perfino l'azione di Cassini, accusando persone innocenti.[5]

Nello svolgimento quotidiano dei propri 'doveri', il mafioso non insegue alcun ideale astratto di moralità e di giustizia. Egli cerca l'onore e il potere, e non esita ad infrangere qualunque norma stabilita di condotta per raggiungere i suoi scopi. Non esiste e non è mai esistito un sistema coerente di 'norme giuste non scritte' fatte rispettare dal potere mafioso in opposizione 'alle ingiuste leggi scritte' imposte dallo stato…

La convinzione che il diritto sia uno strumento della forza fisica è profondamente radicata nella cultura mafiosa. 'La legge è forza, e non può non stare con la forza', ribatte il mafioso de *La famiglia Montalbano* al suo avversario che lo minaccia di ricorrere alle leggi dello stato.[6] La forza e la supremazia creano qui il diritto molto piú di quanto esse rappresentino l'attuazione di un diritto di per sé valido. In nessun universo storico e sociale come in quello mafioso è possibile riscontrare la grande indipendenza della forza fisica da ogni forma di giustizia distributiva prefissata. I singoli mafiosi sono lucidamente consapevoli delle fondamenta ultime del loro potere, e non mancano di sottolineare, in particolari momenti, la prevalenza della concreta 'giustizia della forza', sulla forza ideale della giustizia.

Le norme ed i valori etici e culturali piú radicati vengono violati senza esitazione dai mafiosi se è in gioco il potere: 'i mafiosi usavano sottolineare i rapporti di amicizia allo scopo di eseguire un omicidio con piú sicurezza, senza generare sospetti nella vittima, nell'opinione pubblica e nella legge. Cesare, Bernardo ed Alessandro furono uccisi con questi stratagemmi', scrive Blok, che narra anche un episodio di conflitto avvenuto nel 1922 e che vide come protagonisti due gruppi mafiosi della Sicilia occidentale. Bernardo Cassini, membro della cosca egemone a Genuardo, entra in grave contrasto con le cosche di Adernò, Corleone e Bisacquino. Quando suo fratello viene ucciso ed i suoi animali vengono rubati capisce che anche la sua vita è in pericolo e che deve cedere al gruppo avversario, capeggiato dal celebre Vito Cascio Ferro. Bernardo chiede di organizzare una riunione per discutere di tutta la questione. Il risultato dell'incontro è che Bernardo deve risarcire in denaro tutti gli avversari. Quest'ultimo si reca a Corleone e paga. Si reca poi a Bisacquino, a casa di Cascio Ferro, e paga:

Lo stesso Cascio Ferro e gli altri mafiosi coinvolti rassicurarono Bernardo, e gli dissero che poteva lasciare la casa senza temere alcun pericolo. Cosí tranquillizzato, Bernardo non sospettò che 'gli amici' stavano preparando la sua eliminazione. Bernardo fu colpito a morte due volte da don Pippineddu, uno dei bracci destri di Cascio Ferro.[7]

Onore e omicidio

In un sistema fondato sulla lotta per la supremazia, non esiste un modo piú definitivo di affermare la propria eccellenza del togliere la vita di un altro uomo. L'assassinio di Bernardo Cassini descritto da Anton Blok procura al suo uccisore non solo terra e potere ma anche il titolo onorifico di *don*. Data l'importanza del conflitto d'onore nella strategia dei valori mafiosi, il togliere la vita, l'uccidere competitori temibili, è onorevole al piú alto grado. 'Tizio è un uomo eccezionale: "ha" cinque omicidi': 'Caio è un uomo di rispetto: si dice che abbia "stutato" (spegnere, nel senso di uccidere) quattro cristiani,[8] sono frasi ricorrenti nella conversazione mafiosa. Tanto piú temibile e potente l'ucciso, tanto piú 'degno e meritevole' l'uccisore. Vito Cascio Ferro si vantò di aver ucciso con le proprie mani il suo tenace avversario Joe Petrosino –

il tenente della polizia di New York Nemico Numero Uno della mafia americana che era venuto segretamente a Palermo nel 1909 – 'In tutta la mia vita ho ucciso una sola persona e feci questo disinteressatamente... Petrosino era un avversario coraggioso, non meritava una morte infame sotto i colpi di un sicario qualunque'. L'uso della violenza omicida, anche per una sola volta, è indispensabile per l'uomo d'onore. Senza avere mai ucciso nessuno, non si può sperare di incutere paura, né di venire riconosciuti e rispettati come mafiosi...

Il prestigio del mafioso nasce dall'omicidio. Un pastore o un bracciante qualsiasi è diventato un uomo con cui bisogna fare i conti. Presso i mafiosi della Sicilia e della Calabria l'atto omicida – specie se effettuato nel corso di una competizione per la supremazia, di qualunque genere questa possa essere – indica coraggio, capacità di imporsi come uomo, e comporta una automatica apertura di credito per l'uccisore. E' questa una importante forma di *conversione* tra azione illegale e azione mafiosa. L'infrazione della legge statale è onorifica perché indica disprezzo e sfida verso persone ed istituzioni potenti.

Pino Arlacchi, *La Mafia imprenditrice* (Bologna, Il Mulino, 1983)

4.2   Tommaso Buscetta is the most important mafioso to have defected, although his accounts of the mafia cannot be accepted uncritically. It has been pointed out that he was under mafia sentence of death when he turned state evidence, and that he has never given information which would incriminate his own side. He also tends to romanticise an 'old mafia', as distinct from the degenerate mafia of recent times. In this conversation with the journalist Enzo Biagi, Buscetta discusses the process which led to his joining the mafia, and explains the characteristics of the 'man of honour'.

[Racconta Buscetta] Tra quella gente[9] ... l'argomento 'onorata società' era molto discusso: io detestavo i mafiosi, dicevo che erano vigliacchi perché sparavano, e si nascondevano dietro un muro.

Ma, c'erano persone che contavano più delle altre, ed erano quelle a cui mi sentivo vicino.

Non ricordo più chi mi fece il discorso:[10] uno che di sicuro è morto. Succedevano tanti fatti, c'erano tanti ammazzati, e io sostenevo che coloro che uccidevano erano miserabili, perché tendevano agguati.

'Non devi parlare così', mi disse quello, 'se hai dei principi seri, di omertà, se pensi che non andare d'accordo con la polizia è bene. Quando uno deve morire, perché lo merita, si provvede, e non si deve passare neppure una notte in camera di sicurezza, e bisogna cercare tutte le scappatoie possibili per non pagare.'

Cercò di persuadermi, e ci riuscì.

Io non sono entrato in Cosa Nostra da vecchio, ma da giovanissimo: a diciassette anni. Non c'è una età per fare quel passo, e la qualità di mafioso non si perde mai: è come essere prete, è per sempre.

Provi a ricordare: come si chiamava quell'uomo?

Nicola Giacalone. Faceva il molatore di specchi. Non c'è più. Chiacchieravamo, ogni tanto buttava là una battuta. Poi venne il momento. Mi invitò in una casa dove c'erano altre tre o quattro persone. Mi spiegò che esisteva una organizzazione che non si chiamava mafia, ma Cosa Nostra.

E si fidavano di un ragazzino?

Si fidavano del carattere, della grinta che il ragazzino aveva. E così feci il giuramento. Non ricordo bene le parole, ma tutta la cerimonia era piuttosto ridicola. Mi punsero il dito con un ago, e mi dissero di strofinare il sangue che gocciolava su un santino.

Poi uno diede fuoco all'immaginetta, e io pronunciai la formula del rito: 'Se tradirò, le mie carni bruceranno con questa sacra effige.

C'era qualcuno che dirigeva, che officiava?

Il padrino. Mi ha fatto gli auguri, che mi hanno portato anche male, e mi ha esortato ad essere sempre discreto. Mi disse che dovevo avere una buona condotta, tenere la bocca chiusa, stare lontano dalle donne facili, non rubare, e appena mi avessero chiamato, correre subito, e lasciare qualunque impegno.

Cosa Nostra viene prima del sangue, della famiglia, delle relazioni e del paese.

Che cosa la affascinava in quella confraternita? Il mistero, lo spirito d'avventura?

Una volta era bello sentirsi amici di persone mai conosciute: uno andava in una città, in qualunque posto, e veniva accolto, con una lettera di presentazione, come un fratello.

Ti accompagnavano, sentivi cos'è l'affetto, e un senso profondo di rispetto; e oggi questo grande ideale, che faceva di due uomini d'onore due dello stesso sangue, pronti a soccorrersi e a proteggersi l'uno con l'altro in ogni momento di bisogno, è finito. Oggi la corsa è solo al potere finanziario…

Chi è un uomo d'onore?

Uno che non si può offendere, o schiaffeggiare. Uno col quale si può discutere, o al massimo sparargli. E poi è una persona che non mente: non ha interesse a farlo. Le bugie si ritorcerebbero contro di lui.

C'è una procedura per l'arruolamento?

Una volta si faceva così: si informavano tutte le cosche, anche per sapere se avevano qualche obiezione da fare. Potevano dire di no: questo è parente di un ufficiale, quest'altro è nipote di un magistrato; non c'era posto per chi, in qualche modo, serviva la legge. Poi c'era il banco di prova:[11] e gli davano l'incarico di eliminare qualcuno.

Come doveva imporre la sua autorità?

Se un mafioso non ha saputo far sentire, senza grandi gesti, la sua forza, allora deve ricorrere al suo peso e alle minacce. Se l'interlocutore capisce, bene. Altrimenti ne subirà le conseguenze.

Si conoscono gli usi; si tagliano vigneti, o piantagioni, si uccidono capre e vitelli, saltano case, stalle, impianti…[12]

E le cariche come vengono assegnate?

Ci sono vari gradi, ma la differenza tra un soldato e un capo[13] è minima. Come in tutte le associazioni, ci deve essere qualcuno che comanda, per tenere ordine, e poi molti sono quasi analfabeti, incapaci di sostenere un discorso.

Ma l'onore di un soldato e di un capo è lo stesso. Il capo, che viene eletto da tutti con tre consiglieri, nomina previ accordi un sottocapo e due capodecine di suo gradimento.

Lei è mai stato il testimone, il compare[14] di qualcuno?

Di Pippo Calò.[15]

Perchè lo ha portato dentro?

Ma aveva già uno zio che era 'uomo d'onore', faceva già, in qualche modo, parte della 'famiglia'. Quando si decide l'iniziazione di un nuovo membro, un padrino ci vuole: io mi ero sempre rifiutato. Ma mi dissero: 'E giovane, è simpatico, questo spetta a te'. E io ho accettato. E stata l'unica volta.

Non fu uno sbaglio?

Si è rivelato molto cinico, cosa che io non credevo. Pensavo fosse buono, mite, sentimentale.

Lei crede che si possa essere mafiosi buoni, miti e sentimentali?

Sì, perché io lo sono. E ne ho incontrati altri…

[Chiedo a Buscetta:] *Com'è la donna del mafioso?*

È lo stampo del marito.[16] Non parla. Perché lui l'ha addestrata a tacere. Non deve mai sapere le faccende di casa; deve restare chiusa nel suo mondo. E non si sa fino a che punto è infelice, perché non lo dirà mai a nessuno.

Che vita fa?

Chiusa nella cerchia dello sposo, dalla quale non può uscire'.

Sua moglie si accorse che aveva deciso quel passo fatale? E lei si sentiva più importante?

No. Le delusioni erano cominciate subito dopo la cerimonia:[17] volevo vedere cosa c'era dietro quella porta, ma cammin facendo mi sono accorto che avevo sbagliato. I miei, ad ogni modo, non avvertirono in me cambiamenti: nonostante i richiami dei fratelli e del padre, non volevo sentire certe cose. Vivevo in modo indipendente.

Nessun mafioso ha mai avuto a che fare con la prostituzione?

Nessuno.

Neppure Al Capone?

Nessuno. È un'altra vita che non si accorda coi regolamenti, non si può vivere di sfruttamento.

Per me è una storia inventata; solo che in America non hanno idee ben chiare per ciò che riguarda il crimine. Io posso avere accanto un ruffiano, per convenienza, perché mi serve. Loro pensano che sarà un mio socio, il che non è vero: se si sa in giro che ho amici che fanno i protettori di ragazze svelte,[18] vengo messo immediatamente in causa,[19] qualunque sia il mio grado.

Quando ero in carcere, verso il 1970, ho sentito che fuori

avevano discusso e poi stabilito che noi siciliani non dovevamo fare sequestri. Ma c'era qualcuno che non dava retta'.

E le mogli di quelli che trafficano in droga, come vivono?

Bene; con la macchina, coi brillanti, con sfarzo, con viaggi. Io non ho potuto dare una villa a mia moglie, al mare o in montagna, non ho potuto riempirla di gemme. Qualche gioiellino…

In che cosa consiste la tipica eleganza del socio di Cosa Nostra?

Le camicie di seta, prima di tutto. Appena ha diecimila lire, anche se non possiede il letto, corre a comperarne una. Poi l'automobile, che deve essere delle migliori, deve farla vedere a tutti quanti. La Mercedes va molto, specialmente negli Stati Uniti: questo vale per i mafiosi siciliani, gli americani usano le loro vetture.

Poi la cravatta ha molta importanza, e l'atteggiamento arrogante. Cravatta sgargiante, italiana. E anelli, possibilmente con brillante, un Rolex non deve mancare. Io non ho neanche un orologio da ventiquattro dollari'.

Quando Buscetta si presenta davanti ai giudici di Palermo, indossa un abito spezzato:[20] giacca grigia e pantaloni blu, cravatta dello stesso colore su camicia azzurra, scarpe e calzini neri, e i soliti occhiali con le lenti affumicate.

Il volto è impenetrabile, i lineamenti pesanti, forse un po' gonfi: la voce è forte, chiara, e non denuncia emozione, neppure quando parla dei suoi morti, o delle sue donne. Un controllo da gentiluomo britannico.

E il mafioso di una volta com'era?

Non doveva mai far sfoggio delle armi, non doveva esibirle. Non doveva essere prepotente. Non doveva far vedere che era un mafioso: ma far sentire, nell'aria, che poteva esserlo. Non doveva approfittare delle disgrazie degli altri. Non doveva distruggere la pace familiare. Non doveva chiedere un prestito, e poi non restituirlo. Non doveva sopraffare nessuno.

Anzi: i ladri venivano puniti. Chi aveva rubato un'auto, era costretto a restituirla. Chi recava ingiustamente un danno, doveva poi risarcirlo. Altrimenti, svanivano nel nulla.

Osserva Leonardo Sciascia, contestando questa visione molto romantica: 'Buscetta racconta verità datate, e propone una interpretazione mitica della mafia, che a me pare vecchia ed elusiva'.

61

E quello di oggi, il classico 'picciotto', chi è?

Salvatore Riina, che nessuno riesce a prendere. Bernardo Brusca,[21] invece, c'è cascato.

Andate a vedere Bernardo Brusca, quello che fa: puzza, anche se si mette un litro di colonia addosso, emana fetore. Queste sono le persone più abbiette che la storia del mondo abbia avuto, dopo Nerone.

Se lei dovesse dire chi è una persona spregevole, che nomi farebbe?

Ne dovrei citare molti; uno Salvatore Riina, e ... Giuseppe Greco, detto 'Scarpeduzza'.[22]

Cosa hanno fatto di ignobile?

Giuseppe Greco, per esempio. Secondo quello che mi ha detto Badalamenti[23] se è vero, ma credo che lo è, perché non c'è ragione di raccontare vicende del genere, ha sequestrato il figlio di tale Salvatore Inzerillo, e prima di ammazzarlo gli ha tagliato il braccio destro, dicendogli: 'Questo non ti servirà più per sparare a Salvatore Riina.'

Perché il ragazzino, che aveva sedici anni, aveva detto: 'Chi ha ucciso mio padre è stato Salvatore Riina e io, quando sarò grande, lo ucciderò.' Può esistere qualcosa di più abbietto'? ...

Quanti saranno?[24] Si può immaginare?

Non ne ho idea, ma non meno di cinquemila. E altrettanti in America. Ma il mafioso non è pericoloso, è quello che si porta dietro: almeno cento persone, che coscienti o no lavorano per lui.

Che differenza c'è tra un 'uomo d'onore' di Palermo e uno di New York?

Nessuna, come omertà, come modo di agire. Ci sono diversità nel progresso, nella civiltà: un americano può divorziare, può sposarsi ancora, e non c'è nulla di grave. Il primo che lo ha fatto sono stato io e, per ora, sono l'unico.

Che cosa si ammira di più, tra di voi? Il coraggio, la forza?

La sensibilità, il non fare del male a un amico'.

Mi descriva il tipo classico.

Ma esiste una grande varietà di esemplari: quelli, ad esempio, che lo scrittore Sciascia ha definito: 'quaquaraqua',[25] gente senza spina dorsale.

Ma un mafioso di oggi potrei raffigurarlo così: pieno di armi, di boria, prepotente, assolutista da un lato; e anche: uno che striscia, che è succube di quello che dirà l'arrogante, e se glielo ordinerà, ammazzerà anche sua madre…

Qual è l'offesa che ferisce di più uno come voi?
Essere chiamato vigliacco.

Ha mai àssistito a qualche scena di paura, di sgomento, di confessioni spudorate?
No, mai. Non credo che esista un episodio del genere.

Quando è che uno viene posato?
Quando il suo comportamento è considerato scorretto.

E che cosa vuol dire?
Che viene allontanato, messo fuori per un certo periodo. Se è una decisione definitiva, è quasi un biglietto da visita per la morte. Se non si è fatta bene una cosa, si è sottoposti a un giudizio. E se anche il verdetto non è la pena massima, ci sono altre punizioni, che lasciano avviliti.

Prima le cose si svolgevano tra di noi: tu, Tommaso Buscetta, hai sbagliato, tu paghi. O arriverà il momento che pagherai. Adesso colpiscono anche chi non ha colpe.

Se ti sospendono per sei mesi, in questo periodo non devi salutare né avvicinare qualcuno della 'famiglia'. Non devi immischiarti in nessuna faccenda.

Sei solo: e se qualcuno ce l'ha con te, può eliminarti, sicuro che nessuno reclamerà. Ma la mafia non ha scadenze.

Enzo Biagi, Il Boss è solo (Milan, Mondadori, 1986)

4.3 From his discussions with Tommaso Buscetta, and other *mafiosi pentiti*, the magistrate Giovanni Falcone gained not only the information for his antimafia campaign, but also an unrivalled knowledge of the outlook of the mafioso. Falcone was himself to be the victim of mafia violence when on 23 May 1992 he, his wife and his bodyguards were assassinated on the motorway between the airport and the city of Palermo.

Mi chiedono spesso se un uomo d'onore può scegliere di non uccidere. La mia risposta è no… Nessuno può permettersi di non

eseguire un ordine della Commissione o del capo della famiglia…
Se deve uccidere, uccide. Senza porsi domande e senza farne.
Senza lasciare trapelare incertezze e soprattutto senza averne.
Senza manifestare compassione. Chi tentenna di fronte alla
necessità di uccidere è un uomo morto.

Dall'interno di una organizzazione come Cosa Nostra si
giudicano le cose in maniera diversa che dall'esterno. Quello che
fa orrore nei casi di morte violenta, come magistrati e come
semplici cittadini – l'eliminazione di un uomo per mano del suo
miglior amico, lo strangolamento di un fratello per mano del
fratello – non produce le stesse reazioni negli uomini d'onore.

Il boss Pietro Marchese fu sgozzato in carcere come un animale
dietro ordine del cognato, Filippo Marchese, ma per mano di
cinque detenuti estranei alla famiglia. Ricordo che il pentito
Salvatore Contorno, nel deplorare il fatto che Filippo Marchese
non avesse eseguito personalmente la sentenza, pronunciò queste
parole: 'Nel mio sangue io solo posso mettere mano…' Strana
interpretazione del concetto di onore quella che impone il compito
di uccidere chi appartiene al proprio sangue!

Per gli uomini d'onore quel che conta è il coraggio dimostrato
dall'omicida, la sua professionalità. Quanto piú cruenta, spietata,
crudele l'esecuzione può appare ai nostri occhi di semplici
cittadini, tanto piú fiero potrà andarne l'uomo d'onore e tanto piú
sarà esaltato il suo valore all'interno dell'organizzazione. Cosa
Nostra si fonda sulla regola dell'obbedienza. Chi sa obbedire,
eseguendo gli ordini con il minimo di costi, ha la carriera assicurata.

… Giornali, libri, film si dilungano sulla crudeltà della mafia.
Certamente esiste, ma non è mai fine a sè stessa. Chi si macchia di
atrocità gratuite suscita ribrezzo nell'organizzazione… Partecipare a
un'azione violenta risponde generalmente a una logica rigorosa,
quella che fa di Cosa Nostra l'organizzazione temibile che è…

Oltre a quello della crudeltà gratuita, vorrei fare piazza pulita di
un altro luogo comune, molto diffuso e perfino esaltato da un certo
tipo di letteratura. Si tratta dei cosiddetti rituali di uccisione … Se,
dopo averne discusso con il capo famiglia, deve eliminare
qualcuno – un nemico, un rivale, un concorrente – il mafioso ha
davanti a sé soltanto una possibilità. Se è in grado di avvicinare la

vittima – amico o conoscente – lo colpirà di sorpresa, facendone poi sparire il cadavere (la soluzione migliore, in quanto lascia nell'incertezza l'identificazione dell'assassino e la sorte dell' assassinato). Se invece non può avvicinare la vittima, sta a lui individuare il modo migliore per ucciderla, esponendosi al minor rischio possibile. Il kamikaze non rappresenta un modello in auge tra i membri di Cosa Nostra. L'uomo d'onore deve eseguire il suo lavoro senza mettere a repentaglio né se stesso né la famiglia; il fascino morboso del suicidio o del sacrificio di sé non fa parte del suo bagaglio culturale...

Vari omicidi celebri dimostrano lo straordinario pragmatismo e la capacità di adattarsi di Cosa Nostra e confermano ancora una volta che non esistono categorie predeterminate di reazione ai diversi tipi di crimine. Né per quelli consumati all'interno dell'organizzazione né per quelli esterni.

Salvatore Inzerillo, valoroso capo della famiglia palermitana d'Uditore, viene ucciso nel 1981 da una raffica di Kalashnikov mentre sta entrando sulla sua macchina blindata. Il commissario Ninni Cassarà viene falciato nel 1985 da un nutrito fuoco di fucile mitragliatore mentre sale i gradini che separano l'auto blindata dal portone di casa sua. Nel 1983 il giudice Rocco Chinnici salta in aria nell'esplosione di una macchina imbottita di esplosivo parcheggiata di fronte a casa sua. Il commissario Beppe Montana cade nel 1985 per un semplice colpo di pistola mentre torna da una gita in barca, disarmato.

Ognuno è stato colpito nell'attimo della giornata e nel luogo in cui appariva più vulnerabile. Solo considerazioni strategiche e tecniche determinano il tipo di omicidio e il tipo di arma da impiegare. Con una persona che si sposta con l'auto blindata come Rocco Chinnici è giocoforza ricorrere a metodi spettacolari.

Rimaniamo a questo delitto. È stato scritto: 'Essi hanno voluto sopprimerlo alla libanese[26] per gettare Palermo nel terrore.' In realtà, essi l'hanno ucciso nel solo modo possibile, causando cinque morti e distruggendo una decina di automobili perchè Chinnici era molto prudente e attento in tema di sicurezza personale. Impariamo a riflettere in modo sereno e 'laico'[27]sui metodi di Cosa Nostra: prima di sferrare l'attacco, l'organizzazione compie sempre uno studio serio e approfondito. Per questo è molto difficile prendere un mafioso con le mani nel sacco.[28] Si contano sulle dita di una mano quelli arrestati in flagranza di reato: Agostino Badalamenti, per esempio, sorpreso con la pistola in pugno e che riuscì a farsi passare per un certo periodo per matto, prima di venire condannato perché perfettamente sano di mente.

La violenza interna all'organizzazione è la più difficile da comprendere. Ci è difficile pensare infatti che risponda a una logica, che la mafia non abbia altro mezzo, per ristabilire l'ordine interno, se non quello di uccidere: quando recluta un vigliacco o un bugiardo, quando le capita di venire imbrogliata sulla merce, e così via.

Perché Cosa Nostra è una società, una organizzazione, a modo suo, giuridica, il cui regolamento, per essere rispettato e applicato, necessita di meccanismi effettivi di sanzioni. Dal momento che all'interno dello Stato-mafia non esistono né tribunali né forze dell'ordine, è indispensabile che ciascuno dei suoi 'cittadini' sappia che il castigo è inevitabile e che la sentenza verrà eseguita immediatamente. Chi viola le regole sa che pagherà con la vita.

Giovanni Falcone, *Cose di Cosa Nostra* (Milan, Rizzoli, 1991)

Notes

1 Arlacchi has since changed his opinion on this topic, and in later works agrees that the mafia is a hierarchical organisation.
2 P. Familiari, *La vera storia del brigante Marlino Zappa* (Vibo Valentia, Qualecultura, 1971).
3 L. Asprea, *Il previtoccolo* (Milan, Feltrinelli, 1971), p. 13.
4 P. Familiari, *La vera storia.*
5 A. Blok, *The Mafia of a Sicilian Village* (Oxford, Basil Blackwell, 1974), p. 174.
6 S. Montalto, *La famiglia Montalbano* (Chiaravalle Centrale, Frama's, 1973).
7 Anton Blok, *The Mafia*, p. 173.
8 Used frequently as synomym of 'person' in South of Italy.
9 The 'gente' referred to are black marketeers.
10 On joining the mafia.
11 The final test.
12 Forms of preliminary warnings given to objects of the mafia's attention.
13 From Buscetta's testimony, it has emerged that there is a distinct hierarchy inside the mafia – the *soldato*, the *capodecina*, the *consigliere*, the *sottocapo* and the *capo*. The *capo* and the *consigliere* are elected by the *soldati* (members of the family), while the *capodecina* and the *sottocapo* are chosen by the *capo*. See the following section for further discussion.

14 *Compare*, like its synonym, *padrino*, means godfather.
15 Commonly referred to as the 'mafia's paymaster', although Buscetta denies that any such office exists. Calò was a member of the first Commission, and always had close links with right wing terrorist groups. He was charged with complicity in the explosion which caused many deaths on the Naples–Milan train on 23 December 1983.
16 The image of her husband.
17 Buscetta was the first Sicilian mafioso to divorce, which aggravated his problems with the mafia.
18 Loose women.
19 Put on trial
20 A non-matching jacket and trousers.
21 On 15 January 1993, some eight years after this conversation, Riina was arrested in Palermo where he had been living openly while officially a fugitive from justice. Brusca was among those convicted in the 1986 maxi-trial.
22 The Greco family have been prominent mafiosi over several generations. Giuseppe, murdered in 1983, was known as Scarpeduzza, 'Little Shoe'.
23 Gaetano Badalmenti, arrested in Spain in 1984 and subsequently held in prison in America, was a member of the wing of the mafia hostile to the Corleonesi, and a friend of Buscetta's.
24 The question refers to the number of mafiosi in Sicily.
25 An onomatopoeic term, designating a useless individual used by Sciascia in his *Il giorno della civetta*.
26 This was the period of the civil war in Lebanon, when bombings in Beirut were a daily event.
27 Literally 'lay' or 'non-religious'. Presumably Falcone means that mafia crimes should be examined without dogmatic preconceptions.
28 Red-handed.

67

5 Structures and organisation

5.1   The question of whether the mafia was a state of mind or an organisation has been settled by the revelations of Tommaso Buscetta. The nature of the internal organisation is discussed in the folowing passage, taken from the prosecution case in the 1986 'maxi-processo'.

Le dichiarazioni di Giuseppe Di Cristina[1] avevano posto in luce l'inquietante realtà di un'organizzazione mafiosa unitaria, estremamente violenta e pericolosa, dedita ad ogni genere di illecito, prossima a dilaniarsi in un conflitto di terribili dimensioni che contrapponeva l'ala (per cosí dire) moderata a quella piú violenta e sanguinaria.

   I fatti, a cominciare dall'assassinio dello stesso Di Cristina (30.5.1978), hanno tragicamente confermato la fondatezza delle sue rivelazioni. Da allora, infatti, è stato un susseguirsi di gravissimi assassinii che hanno scandito l'impressionante *escalation* della violenza mafiosa, segnando altrettante tappe nella realizzazione del disegno dei Corleonesi di conquista del dominio assoluto in seno a Cosa Nostra...

   Nel luglio 1984, sbarcava in Italia, estradato dal Brasile dopo un lungo iter procedurale, Tommaso Buscetta, indicato per decenni dagli organismi di polizia come mafioso di rango e trafficante di stupefacenti, il quale, violando la legge mafiosa dell'omertà, decideva di collaborare con la giustizia... Vediamo, in sintesi, cosa ha dichiarato Buscetta sull'assetto strutturale di Cosa Nostra.

Famiglie, mandamenti, commissioni – Il codice di un 'uomo d'onore'

La vita di Cosa Nostra (la parola *mafia* è un termine letterario che non viene mai usato dagli aderenti a questa organizzazione criminale) è disciplinata da regole rigide non scritte ma tramandate oralmente, che ne regolamentano l'organizzazione ed il funzionamento ('nessuno troverà mai elenchi di appartenenza a Cosa

Nostra, nè attestati di alcun tipo, nè ricevute di pagamento di quote sociali'), e cosí riassumibili, sulla base di quanto emerge dal lungo interrogatorio del Buscetta:

– La cellula primaria è costituita dalla 'famiglia', una struttura a base territoriale, che controlla una zona della città o un intero centro abitato da cui prende il nome (famiglia di Porta Nuova, famiglia di Villabate e cosí via.)

– La famiglia è composta da 'uomini d'onore' o 'soldati' coordinati, per ogni gruppo di dieci, da un 'capodecina' ed è governata da un capo di nomina elettiva, chiamato anche 'rappresentante', il quale è assistito da un 'vice capo' e da uno o piú 'consiglieri'.

– Qualora eventi contingenti impediscano o rendano poco opportuna la normale elezione del capo da parte dei membri della famiglia, la 'commissione' provvede alla nomina di 'reggenti' che gestiranno *pro tempore* la famiglia fino allo svolgimento delle normali elezioni. Ad esempio, ha ricordato Buscetta, la turbolenta 'famiglia' di Corso dei Mille è stata diretta a lungo dal reggente Francesco Di Noto fino alla sua uccisione (avvenuta il 9.6.1981).

– L'attività delle famiglie è coordinata da un organismo collegiale, denominato 'commissione' o 'cupola', di cui fanno parte i 'capi-mandamento'[2] e, cioè, i rappresentanti di tre o piú famiglie territorialmente contigue. Generalmente, il 'capo mandamento' è anche il capo di una delle famiglie, ma, per garantire obiettività nella rappresentanza degli interessi del 'mandamento' ed evitare un pericoloso accentramento di poteri nella stessa persona, talora è accaduto che la carica di 'capo mandamento' fosse distinta da quella di 'rappresentante' di una famiglia.

– La commissione è presieduta da uno dei capi-mandamento: in origine, forse per accentuarne la sua qualità di *primus inter pares*,[3] lo stesso veniva chiamato 'segretario' mentre, adesso, è denominato 'capo'. La commissione ha una sfera d'azione, grosso modo, provinciale ed ha il compito di assicurare il rispetto delle regole di Cosa Nostra all'interno di ciascuna famiglia e, soprattutto, di comporre le vertenze fra le famiglie.

– Da tempo (le cognizioni del Buscetta datano dagli inizi degli anni '50) le strutture mafiose sono insediate in ogni provincia[4] della Sicilia, ad eccezione (almeno fino ad un certo periodo) di quelle di Messina e di Siracusa.

– La mafia palermitana ha esercitato, pur in mancanza di un organismo di coordinamento, una sorta di supremazia su quella delle altre province, nel senso che queste ultime si adeguavano alle linee di tendenze della prima.

– In tempi piú recenti, ed anche in conseguenza del disegno egemonico prefissosi dai Corleonesi,[5] è sorto un organismo segretissimo, denominato 'interprovinciale', che ha il compito di regolare gli affari riguardanti gli interessi di piú province.

– Non meno minuziose sono le regole che disciplinano 'l'arruolamento' degli 'uomini d'onore' ed i loro doveri di comportamento.

I requisiti richiesti per l'arruolamento sono: salde doti di coraggio e di spietatezza (si ricordi che Leonardo Vitale[6] divenne 'uomo d'onore' dopo avere ucciso un uomo); una situazione familiare trasparente (secondo quel concetto di 'onore' tipicamente siciliano, su cui tanto si è scritto e detto) e, soprattutto, assoluta mancanza di vincoli di parentela con 'sbirri'.

La prova di coraggio ovviamente non è richiesta per quei personaggi che rappresentano, secondo un'efficace espressione di Salvatore Contorno,[7] la 'faccia pulita' della mafia e cioè professionisti, pubblici amministratori, imprenditori che non vengono impiegati generalmente in azioni criminali ma prestano utilissima opera di fiancheggiamento e di copertura in attività apparentemente lecite.

Il soggetto in possesso di questi requisiti viene cautamente avvicinato per sondare la sua disponibilità a far parte di un' associazione avente lo scopo di 'proteggere i deboli ed eliminare le soverchierie'. Ottenutone l'assenso, il neofita viene condotto in un luogo defilato dove, alla presenza di almeno tre uomini della famiglia di cui andrà a far parte, si svolge la cerimonia del giuramento di fedeltà a Cosa Nostra. Egli prende fra le mani un'immagine sacra, la imbratta con il sangue sgorgato da un dito che gli viene punto, quindi le dà fuoco e la palleggia fra le mani fino al totale spegnimento della stessa, ripetendo la formula del giuramento che si conclude con la frase: 'Le mie carni debbono bruciare come questa santina se non manterrò fede al giuramento'.

Lo *status* di 'uomo d'onore', una volta acquisito, cessa soltanto con la morte; il mafioso, quali che possano essere le vicende della sua vita, e dovunque risieda in Italia o all'estero, rimane sempre tale.

Proprio a causa di queste rigide regole Antonino Rotolo era inviso a Stefano Bontate (oltre che per la sua stretta amicizia con Giuseppe Calò), essendo cognato di un vigile urbano; e lo stesso Buscetta veniva espulso dalla mafia per avere avuto una vita familiare troppo disordinata e, soprattutto, per avere divorziato dalla moglie...

Ogni 'uomo d'onore' è tenuto a rispettare la 'consegna del silenzio': non può svelare ad estranei la sua appartenenza alla mafia, né, tanto meno, i segreti di Cosa Nostra; è, forse, questa la regola piú ferrea di Cosa Nostra, quella che ha permesso all'organizzazione di restare impermeabile alle indagini giudiziarie e la cui violazione è punita quasi sempre con la morte.

All'interno dell'organizzazione, poi, la loquacità non è apprezzata: la circolazione delle notizie è ridotta al minimo indispensabile e 'l'uomo d'onore' deve astenersi dal fare troppe domande, perché ciò è segno di disdicevole curiosità ed induce in sospetto l'interlocutore.

Quando gli 'uomini d'onore' parlano tra loro, però, di fatti attinenti a Cosa Nostra hanno l'obbligo assoluto di dire la verità e, per tale motivo, è buona regola, quando si tratta con 'uomini d'onore' di diverse famiglie, farsi assistere da un terzo consociato che possa confermare il contenuto della conversazione. Chi non dice la verità viene chiamato *tragediaturi* e subisce severe sanzioni che vanno dalla espulsione (in tal caso si dice che 'l'uomo d'onore è posato') alla morte.

Cosí, attraverso le regole del silenzio e dell'obbligo di dire la verità, vi è la certezza che la circolazione delle notizie sia limitata all'essenziale e, allo stesso tempo, che le notizie riferite siano vere.

Questi concetti sono di importanza fondamentale per valutare le dichiarazioni rese da 'uomini d'onore' e, cioè, da membri di Cosa Nostra e per interpretarne atteggiamenti e discorsi. Se non si prende atto della esistenza di questo vero e proprio 'codice' che regola la circolazione delle notizie all'interno di 'Cosa Nostra' non si riuscirà mai a comprendere come mai bastino pochissime parole e perfino un gesto, perché uomini d'onore si intendano perfettamente tra di loro.

Cosí, ad esempio, se due uomini d'onore sono fermati dalla polizia a bordo di una autovettura nella quale viene rinvenuta un'arma, basterà un impercettibile cenno d'intesa fra i due, perché uno di essi si accolli la paternità dell'arma e le conseguenti responsabilità, salvando l'altro.

E cosí, se si apprende da un altro uomo d'onore che in una determinata località Tizio è '*combinato*' (e, cioè, fa parte di Cosa Nostra), questo è piú che sufficiente perché si abbia la certezza assoluta che, in qualsiasi evenienza ed in qualsiasi momento di emergenza, ci si potrà rivolgere a Tizio, il quale presterà tutta l'assistenza necessaria...

Anche la 'presentazione' di un uomo d'onore è puntualmente regolamentata dal codice di Cosa Nostra allo scopo di evitare che nei contatti fra i membri dell'organizzazione si possano inserire estranei. E' escluso, infatti, che un 'uomo d'onore' si possa presentare da solo, come tale, ad un altro membro di Cosa Nostra, poiché, in tal modo, nessuno dei due avrebbe la sicurezza di parlare effettivamente con un 'uomo d'onore'. Occorre, invece, l'intervento di un terzo membro dell'organizzazione che li conosca entrambi come 'uomini d'onore' e che li presenti tra loro in termini che diano l'assoluta certezza ad entrambi dell'appartenenza a Cosa Nostra dell'interlocutore. E, cosí, come ha spiegato Contorno, è sufficiente che l'uno venga presentato all'altro, con la frase '*Chistu è a stissa cosa*', (questo è la stessa cosa), perché si abbia la certezza che l'altro sia appartenente a Cosa Nostra.

Altra regola fondamentale di Cosa Nostra è quella che sancisce il divieto per l'uomo d'onore di trasmigrare da una famiglia all'altra. Questa regola, però, riferisce Buscetta, non è stata piú rigidamente osservata dopo le vicende della 'guerra di mafia' che hanno segnato l'inizio dell'imbastardimento di Cosa Nostra: infatti, Salvatore Montalto, che era il vice di Salvatore Inzerillo (ucciso nella guerra di mafia) nella 'famiglia' di Passo di Rigano, è stato nominato, proprio come premio per il suo tradimento, rappresentante della 'famiglia' di Villabate.

Il mafioso, come si è accennato, non cessa mai di esserlo quali che siano le vicende della sua vita. L'arresto e la detenzione non solo non spezzano i vincoli con Cosa Nostra ma, anzi, attivano quell'indiscussa solidarietà che lega gli appartenenti alla mafia: infatti gli 'uomini d'onore' in condizioni finanziarie disagiate ed i loro familiari vengono aiutati e sostenuti, durante la detenzione, dalla 'famiglia' di appartenenza; e spesso non si tratta di aiuto finanziario di poco conto, se si considera che, come è notorio, 'l'uomo d'onore rifiuta il vitto del Governo' e, cioè, il cibo fornito dall'amministrazione carceraria, per quel senso di distacco e di disprezzo generalizzato che la mafia nutre verso lo Stato.

Unica conseguenza della detenzione, qualora a patirla sia un capo famiglia, è che questi, per tutta la durata della carcerazione, viene sostituito dal suo vice in tutte le decisioni, dato che, per la sua situazione contingente, non può essere in possesso di tutti gli elementi necessari per valutare adeguatamente una determinata situazione e prendere, quindi, una decisione ponderata. Il capo, comunque, continuando a mantenere i suoi collegamenti col mondo esterno, è sempre in grado di far sapere al suo vice il proprio punto di vista, che però non è vincolante, e, cessata la detenzione, ha il diritto di pretendere che il suo vice gli renda conto delle decisioni adottate...

Anche il modello di comportamento in carcere dell'uomo d'onore, descritto da Buscetta, è radicalmente mutato negli ultimi tempi.

Ricorda infatti Tommaso Buscetta che in carcere gli 'uomini d'onore' dovevano accantonare ogni contrasto ed evitare atteggiamenti di aperta rivolta nei confronti dell'autorità carceraria. Al riguardo, cita il suo stesso esempio: si era trovato a convivere all'Ucciardone,[8] per tre anni, con Giuseppe Sirchia, vice di Cavataio ed autore materiale dell'omicidio di Bernardo Diana, il quale era vice del suo grande amico, Stefano Bontate; ma, benché non nutrisse sentimenti di simpatia nei confronti del suo compagno di detenzione, lo aveva trattato senza animosità, invitandolo perfino al pranzo natalizio.

Unica deroga del principio della indissolubilità del legame con Cosa Nostra è la espulsione dell'uomo d'onore, decretata dal 'capo famiglia' o, nei casi piú gravi, dalla 'commissione' a seguito di gravi violazioni del codice di Cosa Nostra, e non di rado prelude all'uccisione del reo. L'uomo d'onore espulso, nel lessico mafioso, è 'posato'. Ma neanche l'espulsione fa cessare del tutto il vincolo di appartenenza all'organizzazione, in quanto produce soltanto un effetto sospensivo che può risolversi anche con la reintegrazione dell'uomo d'onore. Pertanto l'espulso continua ad essere obbligato all'osservanza delle regole di Cosa Nostra...

Altra regola fondamentale di Cosa Nostra è l'assoluto divieto per 'l'uomo d'onore' di fare ricorso alla giustizia statuale. Unica eccezione, secondo il Buscetta, riguarda i furti di veicoli, che possono essere denunziati alla polizia giudiziaria per evitare che l'uomo d'onore, titolare del veicolo rubato, possa venire coinvolto in eventuali fatti illeciti commessi con l'uso dello stesso; naturalmente, può essere denunciato soltanto il fatto obiettivo del furto, ma non l'autore.

Del divieto di denunciare i furti, vi è in atto un riscontro persino umoristico riguardante il capo della 'commissione', Michele Greco. Carla De Marie, titolare di una boutique a Saint Vincent, era solita fornire alla moglie di Michele Greco capi di abbigliamento che spediva a Palermo, tramite servizio ferroviario, regolarmente assicurati contro il furto. Una volta, il pacco era stato sottratto ad opera di ignoti durante il trasporto, e la De Marie aveva piú volte richiesto telefonicamente alla signora Greco di denunciare il furto, essendo ciò indispensabile perché la compagnia assicuratrice rifondesse il danno. Ebbene, la moglie di Michele Greco, dopo di avere reiteratamente fatto presente alla De Marie che il marito non aveva tempo per recarsi alla polizia per presentare la denunzia, aveva preferito pagare i capi di abbigliamento, nonostante che non li avesse mai ricevuti.

From the Ordinanza-Sentenza of the Palermo Magistrates, in Corrado Stajano (ed.), *L'atto di accusa dei giudici di Palermo* (Rome, Editori Riuniti, 1986)

Notes

1 Mafia boss from Riesi who provided the police with information about the developing split inside Cosa Nostra and the rise of the Corleonese faction, which would lead to the mafia war of 1980-83.
2 A *mandamento* represented an administrative unit of a Sicilian city. The historic

centre of Palermo has four *mandamenti,* but the mafia *mandamento* does not correspond to a local government unit.

3 Latin: 'first among equals'.

4 Italian local government has three tiers – cities, provinces and regions. Sicily is a region for these purposes, made up of several provinces. Messina and Siracusa are in the east of the island, where historically the mafia had no roots.

5 The design to assume leadership (hegemony) which the Corleonesi had set themselves.

6 In 1973, Leonardo Vitale became the first mafioso in modern times to collaborate with the police. His testimony was dismissed, and he himself was convicted and locked up in a mental hospital. He was finally released in 1984, but was murdered by the mafia some months later.

7 Another ex-mafioso who turned state's evidence.

8 The Palermo prison.

6 Affairs of State

6.1 The *Commissione parlamentare antimafia* presented in 1993 a report entitled *Mafia e Politica*, the first time this theme had ever been examined by an offical government body. The report examines the factors in the history of post-war Italy which gave the mafia some political 'legitimacy', and identifies the successive phases of the evolution of its relationship with the Italian state.

Per quali ragioni Cosa Nostra ha potuto svolgere così a lungo la sua attività senza essere permanentemente contrastata? per quali ragioni è riuscita a sviluppare veri e propri rapporti di integrazione con i pubblici poteri?

La spiegazione non può essere costituita soltanto dalle viltà o dai calcoli dei singoli. Troppo duraturi nel tempo, vasti e diffusi sono stati quei rapporti per poter essere fondati su debolezze individuali. Le compromissioni soggettive non sarebbero state di per sé sufficienti e non si sarebbero certamente manifestate con quell'ampiezza, quella continuità e quell'efficacia se non fossero state sostenute da più generali condizioni di carattere storico-politico...

La relazione di maggioranza della prima Commissione anti-mafia, depositata il 4 febbraio 1976, descrive con sintesi efficace la funzione politica che la mafia assunse al tempo dell'Unità d'Italia: 'La mafia ... fin dalla sua nascita e con un impegno sempre maggiore nel corso degli anni, si esercitò nella costante ricerca di un intenso, incisivo collegamento con i pubblici poteri della nuova società nazionale, rifiutando il ruolo di una semplice organiz-zazione criminale in rivolta contro lo Stato, o magari interessata soltanto ad una funzione di supplenza del potere legittimo. Ma se la mafia si rafforzò, grazie ai collegamenti con l'apparato pubblico dello Stato sabaudo,[1] è lecito supporre che anche il nuovo Stato abbia tratto un preciso vantaggio da questi collegamenti, il vantaggio cioè di garantirsi una facile posizione di dominio, senza essere costretto ad affrontare il problema scottante di un radicale rinnovamento della società siciliana. Per realizzare l'Unità, prosegue la relazione, la borghesia nazionale ... non esitò ad allearsi in Sicilia con la nobiltà feudale locale ed è proprio dalla logica di questo accordo e, correlativamente, dall'ostinata opposizione all'autogoverno che nacque e si sviluppò il fenomeno della mafia'.

Infatti, conclude la relazione, la nobiltà feudale, in una condizione di debolezza delle strutture statuali si avvalse del formidabile potere repressivo della mafia per tenere a bada i contadini e per frenare le rivendicazioni espresse in quegli anni dai fasci dei lavoratori.[2] Questi collegamenti furono essenziali per la mafia che venne così legittimata e di ciò si avvalse per meglio esercitare il controllo del territorio, delle attività economiche, delle istituzioni e dei cittadini.

Diversa fu la situazione nel corso del regime fascista. Il fascismo si assunse direttamente il compito di salvaguardare gli interessi dei ceti agrari, che nel periodo precedente erano stati salvaguardati dalla mafia. Coerentemente, il fascismo operò in due direzioni. Sviluppò una vasta azione repressiva nei confronti dei livelli militari della mafia, che non erano tollerati come concorrenti dello Stato nell'esercizio di una funzione d'ordine. Cercò di inglobare nel regime dei livelli medio-alti della mafia. Secondo alcune fonti, nelle importanti elezioni amministrative del 1925, a Palermo, la lista fascista era stata particolarmente votata nei quartieri a più alta densità mafiosa ed aveva al suo interno sette boss ancora incriminati per associazione per delinquere. La notizia aveva qualche fondamento...

Cosa Nostra ricompare in Sicilia nel 1943, alla vigilia dell' occupazione alleata. Gli USA si avvalsero dei rapporti tra mafiosi italiani o italo-americani che erano nel loro territorio e mafiosi che erano in Sicilia per preparare il terreno per lo sbarco. Il caso più noto fu quello di Lucky Luciano, che essendo detenuto, fu contattato dalle autorità degli Stati Uniti per saggiare la sua disponibilità a favorire lo sbarco alleato. Luciano si adoperò positivamente. Quindi fu espulso dagli USA e iniziò il suo soggiorno a Napoli. Altri mafiosi detenuti negli USA seguirono la sua sorte.

Questa degli 'espulsi' fu una questione posta più volte all' attenzione della prima Commissione antimafia, all'interno della quale si rilevò che l'elevato numero degli espulsi dagli USA, immediatamente dopo la fine della guerra, non poteva che corrispondere ad una ricompensa per il contributo fornito nella preparazione e nell'esecuzione dello sbarco. Dalla documentazione prodotta a quella Commissione, ed acquisita da questa, risulta che complessivamente i mafiosi espulsi dagli USA nel primissimo dopoguerra furono 65.

Una seconda forma di legittimazione, certamente meno necessitata della prima, venne dalla protezione che il governo alleato conferì, soprattutto nei primi tempi dopo lo sbarco, al movimento separatista,[3] che era l'unica organizzazione antifascista organizzata in Sicilia, ma con stretti rapporti con la mafia. Nella prima Commissione antimafia vennero depositati i frontespizi di due documenti del consolato americano a Palermo, in data novembre 1944 e 27 novembre 1944, che avevano a oggetto il primo: *Riunione di capi della mafia con il generale Castellano e la formazione di gruppi per favorire l'autonomia* e il secondo: *Formazione di gruppi per favorire l'autonomia sotto la direzione della mafia.*

L'ufficio dei servizi strategici americano nel *Confidential Appendix 11* al *Report on conditions in liberated Italy n. 11,* con data 11 gennaio 1944, segnalava che:

I leaders principali del partito separatista, si potrebbe dire addirittura la quasi totalità dei suoi aderenti, provengono dalle seguenti categorie: 1) L'aristocrazia... 2) I grandi proprietari fondiari latifondisti,[4] anche se di origine plebea 3) *i capi massimi* e *intermedi della mafia* [corsívo nostro] 4) professionisti mediocri o politici che sarebbero altrimenti condannati all'oscurità in un paese avanzato.

La confluenza di settori della mafia nel movimento indipendentista rafforzò tanto i separatisti quanto i mafiosi. I primi poterono avvalersi della forza della mafia sul territorio; i secondi trassero motivo di legittimazione dall'inserimento in un movimento politico, che appariva sostenuto dagli alleati. Successivamente, osserva la relazione Carraro:[5] 'il governo di occupazione, tenendo fede alle promesse della vigilia, si affrettò a consegnare l'amministrazione dell'isola ai militanti del separatismo, mettendoli così in condizione di esercitare sui cittadini un potere reale e un'influenza spesso decisiva'.

Nacque così la terza legittimazione per la mafia. Quella che derivò dalla collocazione ai vertici delle amministrazioni comunali di politici separatisti sostenuti dalla mafia e, in alcuni casi, di autentici mafiosi, come Calogero Vizzini nominato sindaco di Villalba e Genco Russo nominato sindaco di Mussomeli. A mafiosi, inoltre, vennero conferiti altri incarichi pubblici. Vincenzo Di Carlo, capo della mafia di Raffadalì, fu nominato responsabile dell'ufficio per la requisizione del grano ed altri cereali. Michele Navarra venne autorizzato a raccogliere gli automezzi militari abbandonati dall'esercito. Il boss della mafia italoamericana Vito Genovese prestava servizio presso il quartier generale alleato di Nola.

Nell'agosto 1943 Lord Rennel, capo del governo militare alleato nei territori occupati, così scriveva in un rapporto inviato a Londra:

Io temo che nel loro entusiasmo nel destituire i podestà[6] fascisti e i funzionari municipali delle località rurali, i miei ufficiali, in alcuni casi per ignoranza della società locale, abbiano scelto un certo numero di capimafia o autorizzato tali personaggi a proporre docili sostituti pronti a obbedirli. La mia difficoltà risiede a questo punto nel codice siciliano dell'onore, o omertà. Quasi non riesco ad ottenere informazioni da parte degli stessi carabinieri del posto, i quali ritengono che sia preferibile tacere e salvare la vita quando il locale rappresentante dell'AMGOT[7] decide di nominare un mafioso piuttosto che vedersi accusati dall'AMGOT di simpatie filo-fasciste,

accuse, si comprende da un passo successivo, che i mafiosi lanciavano disinvoltamente contro i loro nemici.

La quarta legittimazione venne dai grandi latifondisti siciliani, che, preoccupati per le rivendicazioni contadine ritornarono ad affidare ai gabelloti mafiosi il controllo dei campi: 'Accanto ai gabelloti – osserva la relazione Carraro – tornarono sulla scena le schiere di soprastanti, di campieri, di guardiani, in una parola di tutti coloro che i proprietari incaricavano di amministrare le proprie terre e di proteggerle dalle ruberie dei piccoli delinquenti, ma soprattutto dalle pretese dei contadini.

In questo modo giunsero ad amministrare vastissimi feudi alcuni tra i più potenti capimafia, da Calogero Vizzini a Giuseppe Genco Russo, a Vanni Sacco a Luciano Leggio che riuscì a svolgere tali sue mansioni nonostante fosse colpito da mandato di cattura per alcuni gravi delitti.

La quinta legittimazione venne alla mafia dalla vicenda del bandito Giuliano.[8] Cosa Nostra risultò il burattinaio di tutta la vicenda, nel corso della quale si verificarono avvenimenti idonei ad incrinare fortemente la credibilità dello Stato. Si venne a sapere ad esempio di un incontro tra il bandito Giuliano ed il procuratore generale di Palermo Pili. L'ispettore di polizia Verdiani dopo essere stato esonerato dall'incarico della lotta al banditismo, si incontrò più volte con il bandito Giuliano. Alcuni banditi furono muniti di documenti di riconoscimento che permettevano loro di muoversi liberamente in Sicilia. Esplosero pubblicamente gravi rivalità tra carabinieri e polizia. In questo quadro contorto e confuso aggravato dalle oggettive difficoltà in cui si trovava il giovane Stato democratico italiano, la mafia si comportò da padrona. Prima favorì i rapporti tra separatisti e banditi: poi assicurò una lunga impunità a Salvatore Giuliano, utilizzandolo ai propri fini; infine contribuì all'arresto dei banditi più pericolosi ed alla stessa liquidazione fisica di Giuliano.

Commissione parlamentare antimafia, *Mafia e politica*
(Bari, Laterza, 1993)

Notes

1 So called from the House of Savoy, the ruling dynasty in the Kingdom of Italy.
2 *I fasci siciliani* (1892-94), a socialist movement for agrarian reform.
3 The *Movimento per l'indipendenza della Sicilia* was set up in the aftermath of the Allied landings in Sicily in 1943, and won almost 9 per cent of the total vote in Sicily at the first elections. It was backed by EVIS (Esercito volontario per l'indipendenza della Sicilia), an irregular 'army' headed by the bandit, Salvatore Giuliano.
4 The owners of the great landed estates.
5 Senator Carraro was head of the Commissione antimafia from 1972 to 1976.
6 The term used under Fascism to designate the mayor.
7 Allied Military Government of Occupation.
8 Salvatore Giuliano (1922-50), a bandit leader who started as an opponent of the mafia, but ended being manipulated by them. His men allied themselves with the separatist movement in the hope of gaining a pardon from a new government.

7 Political complicity

7.1 The mafia's capacity to embed itself into political institutions, and to form with politicians relationships which are advantageous to it and damaging to the body politic as a whole, must be numbered among the features which most distinguish it from conventional criminal organisations. In the 1993 report, the antimafia Commission examined the nature of this complicity.

È pacifico[1] che Cosa Nostra influisce sul voto. Ciò non corrisponde ad una scelta ideologica, ma alla convenienza di sfruttare nel miglior modo possibile il radicamento sociale e territoriale: i vasti compiti degli enti locali hanno incentivato l'attenzione della mafia per le amministrazioni comunali.

Non sembra sia stata ancora svolta una analisi seria degli effetti che ha avuto sulla crescita dei rapporti tra mafia ed enti locali il tradizionale decentramento della spesa.[2] Piccole amministrazioni comunali, prive di strutture burocratiche adeguate, e prive anche dei necessari livelli di competenza, si sono trovate a spendere somme enormi che sono finite frequentemente nelle mani di speculatori, o di gruppi mafiosi. Troppo spesso il decentramento è stato puro spostamento di poteri dal centro alla periferia senza creazione di supporti efficienti e culture adeguate.

Agli atti della Commissione ci sono documenti che non riguardano solo l'attivazione 'spontanea'[3] di Cosa Nostra verso uno o più candidati, ma l'attivazione dei candidati verso gli uomini di Cosa Nostra. Alcuni candidati hanno pagato somme di danaro in cambio dei voti. L'appoggio di Cosa Nostra può anche consistere nella prestazione di una particolare 'vigilanza' a favore del candidato che, girando per il collegio insieme agli uomini della famiglia, non solo è protetto nella sua incolumità, ma mostra ai suoi elettori di essere sostenuto da uomini che contano.

Il procuratore della Repubblica di Caltanissetta così ha sintetizzato le tre ipotesi possibili di intervento di Cosa Nostra nella campagna elettorale:

La mafia decide: questo picciotto è uomo d'onore, è laureato, ha cultura, si presenta bene, ne facciamo un politico, i voti li abbiamo e possiamo portarlo nell'amministrazione locale, in quella regionale o in Parlamento... La seconda ipotesi è quella di un uomo politico non mafioso che chiede aiuto a Cosa Nostra per la sua campagna elettorale... La terza ipotesi, infine è quella dell'uomo politico il quale, pur non facendo parte di Cosa Nostra, è talmente vicino ad essa che ne riceve un aiuto concreto (il guardaspalle, l'autista, la garanzia di tranquillità nel corso della campagna elettorale e via dicendo). In sostanza si crea un rapporto di dare-avere: 'Ti do i voti in cambio dell'appoggio che fornirai quando servirà.'

Per comprendere il rilievo di questo scambio si può ricordare quanto ha riferito un magistrato della Direzione distrettuale di Catania. Da un'intercettazione ambientale[4] è risultato che un gruppo mafioso rivendicava nei confronti di un altro gruppo il contributo decisivo dato all'elezione di un candidato e conseguentemente manifestava una sorta di 'proprietà' dell'eletto in relazione alle prestazioni che questi avrebbe potuto successivamente assicurare. Magistrati della stessa Direzione hanno riferito che nell'ambito del loro distretto si registra, naturalmente non da parte di tutti i partiti, né da parte di tutti i candidati, un ricorso sistematico ai gruppi mafiosi per ottenerne il voto.

Cosa Nostra non ha mai avuto preclusioni. Nessun partito può essere aprioristicamente[5] immune. Ma i mafiosi non votano a caso; scelgono naturalmente candidati non ostili alla mafia e vicini agli interessi dei singoli gruppi. A Palermo, ha ricordato il dott. Gioacchino Natoli, sostituto procuratore della Repubblica,[6] dalle indagini compiute risulta che i mafiosi 'facevano convergere naturalmente i loro voti verso la Democrazia Cristiana, in quanto essa aveva rappresentato, fin dalla costituzione della Repubblica, il centro e l'asse d'equilibrio dell'intero sistema'. Ma nello stesso capoluogo ed in altre aree della regione i voti vanno anche a candidati di altri partiti. La Commissione ritiene che questo problema vada visto nella sua obbiettiva storicità e ciò comporta l'esigenza di precisare i seguenti criteri:

– la scelta del partito e degli uomini è ispirata ad una logica di pura convenienza; più conta il partito e più ampia è la disponibilità di Cosa Nostra; questo spiega l'appoggio costantemente fornito a candidati appartenenti a partiti di governo, ancorché piccoli. Per questi, anzi, la dimensione ristretta dell'elettorato rende i voti di Cosa Nostra più produttivi, talora essenziali al raggiungimento del quorum ed alla elezione dei candidati;

– il rapporto tra Cosa Nostra e i politici è di dominio della prima nei confronti dei secondi; la disponibilità di mezzi coercitivi conferisce a Cosa Nostra una illimitata possibilità di richiesta e di convincimento;

– da ciò non può derivare una interpretazione vittimistica[7] di quel rapporto; il politico non è costretto ad accettare i voti di Cosa Nostra e se li accetta non può non sapere quali saranno le richieste e gli argomenti dei suoi partner;

– oggi, essendo cresciuta la sensibilità delle istituzioni e dell'opinione pubblica, il tradizionale rapporto mafia-politica può avere risvolti tragici: per il politico è impossibile sottrarsi all' abbraccio di Cosa Nostra una volta che ha chiesto ed accettato i voti, ma per lui è sempre più difficile rendere i favori per i quali è stato eletto.

Commissione parlamentare antimafia, *Mafia e politica*
(Bari, Laterza, 1993)

7.2 The Christian Democratic politician, Giulio Andreotti (1919–) has occupied all the principal offices in the Italian Government, including, on seven occasions, that of Prime Minister. Although he is himself a Roman, it was repeatedly alleged that through his Sicilian 'lieutenan', Salvo Lima, his faction of the party had close links to the mafia. In 1993, the magistrates in Palermo offically accused him of 'associazione mafiosa'.

I contatti tra i democristiani e la mafia siciliana risalgono alla fondazione del partito alla fine della seconda guerra mondiale. Dopo lo sbarco in Sicilia, nel 1943, gli alleati anglo-americani, volendo escludere dal potere sia i comunisti sia i fascisti, fecero in modo che alcuni noti mafiosi diventassero sindaci delle loro città. La mafia, che era stata brutalmente stroncata durante il fascismo, era ansiosa di assicurarsi un posto nel nuovo ordine politico dell'isola. In un primo momento, molti dei suoi adepti appoggiarono il movimento separatista siciliano, contribuendo all'organizzazione delle sue bande armate. Ma quando la causa del separatismo entrò in crisi e si fecero avanti altri partiti, i capi mafia cambiarono campo. Di fronte a quella che sembrava un'imminente presa di potere dei comunisti, i nuovi partiti accettarono l'appoggio della mafia come baluardo contro il comunismo. Tra il 1945 e il 1955, vennero assassinati in Sicilia quarantatré socialisti e comunisti, spesso nei periodi pre-elettorali.

'Il problema sorse così: qualcuno della Democrazia Cristiana diceva ai separatisti - e quindi alla colonna vertebrale che erano questi potenti capi mafia – "Ma che fate coi separatisti, rivolgetevi verso i partiti nazionali,"' spiega Giuseppe Alessi, un avvocato siciliano novantunenne. 'I mafiosi cercavano la via del potere ... per avere quegli appoggi, quelle nomine, per mantenere il loro potere economico. I mafiosi si appoggiavano a qualunque partito che stava al potere: se il sindaco era repubblicano, loro diventavano repubblicani, se era socialista, diventavano socialisti, se era democristiano, diventavano democristiani.'

Alessi è nella posizione ideale per descrivere le oscure origini del rapporto tra mafia e politica. Fu uno dei fondatori della Democrazia Cristiana siciliana, e uno dei primi presidenti del parlamento regionale creato dopo la guerra. Alessi cercò di opporsi alla decisione di ammettere nelle file della DC questi personaggi mafiosi, ma venne messo a tacere dai suoi colleghi. 'I comunisti usano tali violenze contro di noi, contro i nostri, da non consentire loro nemmeno le libere manifestazioni,' gli disse uno dei compagni di partito. 'Abbiamo bisogno di uomini forti per fermare le violenze dei comunisti'.

Adesso, a cinquant'anni di distanza, è arrivato a difendere Andreotti, mosso dall'indignazione per quella che lui ritiene l'infamia delle accuse mosse contro l'ex-presidente del Consiglio.[8] La sua decisione di difenderlo è di notevole interesse perché spesso i due si sono trovati in disaccordo dal punto di vista politico. Alessi apparteneva all'ala riformista del partito, secondo la quale la DC aveva tradito i propri ideali cattolici arrivando a quel tipo di compromessi per cui Andreotti era famoso.

Benché difenda Andreotti con grande passione, potrebbe essere un testimone potenzialmente utile all'accusa se parlasse della decisione della DC di chiudere un occhio sulle innegabili infiltrazioni mafiose nel partito. Quando il ben noto capo mafia Giuseppe Genco Russo fece domanda d'iscrizione alla DC, Alessi sostiene di aver inviato un telegramma alla direzione, sollecitando un rifiuto. 'Ma non so che fine ebbe quel telegramma. Non ho mai avuto risposta.' Genco Russo venne accettato nel partito, venne eletto e in seguito fu arrestato con gravi imputazioni.

Sebbene Alessi, all'epoca, si opponesse apertamente a questi 'patti col diavolo' stretti nell'isola, ora li difende come un male necessario del periodo della guerra fredda. 'La Democrazia Cristiana... subordinava i suoi ideali specifici ad un interesse supremo di carattere nazionale: salvare lo stato democratico... La vittoria del comunismo significava che l'Italia finiva sotto la Cortina di ferro e diventava una *dépendance* dell'Unione Sovietica. E se cadeva l'Italia, crollava la Francia, la Spagna.'

Il modo in cui Alessi giustifica i rapporti tra il suo partito e la mafia è basato sulla visione estremamente romantica che si aveva di questo fenomeno negli anni Quaranta e Cinquanta. 'Non erano delinquenti... Erano dei potentati, erano dei grandi elettori, la *vox populi*, padroneggiavano, insomma. Semmai, commettevano reati di ordine economico, il falso, l'appropriazione indebita... Il mafioso ci teneva a dire che era contrario al reato... Il vecchio capo mafia se incontrava un delinquente comune lo prendeva a schiaffi, almeno se non era uno sottomesso a lui, puniva i delinquenti, quelli che non erano sottomessi a lui... I mafiosi in fondo erano dei conservatori, preferivano l'ordine. Erano come dei giudici di pace... Un creditore per recuperare il suo debito di fronte ad un malpagatore, non si rivolgeva all'avvocato, andava da questo capo mafia che detta legge, perché le sentenze erano inappellabili, perché era un fuorilegge. Ovviamente, questo non è compatibile con una democrazia moderna che si basa sulla legge, e quindi mi opposi. Anche perché questi poteri extralegali finivano per favorire i propri interessi'.

Quando gli feci notare che già negli anni Quaranta la mafia aveva ucciso numerosi sindacalisti e contadini che minacciavano i suoi interessi Alessi mi rispose, sempre rigirando il rosario: 'Quelli erano omicidi punitivi in cui loro non ci mettevano neanche la mano. Magari, il capomafia si lamentava di qualcuno: 'Non c'è più pace in questo paese, perché c'è uno che disturba'... E questo giovanotto, che ascoltava per farsi meriti, capiva che forse era giusto eliminare quel soggetto'.

Negli anni Cinquanta forse era ancora possibile pensare alla mafia in termini folcloristici, come una forma di giustizia primitiva in remote zone rurali. Ma negli anni Sessanta – quando la corrente andreottiana arrivò in Sicilia – la mafia aveva dato prova di essere una forma molto più dinamica di gangsterismo moderno. Quando l'agricoltura divenne meno importante, le cosche concentrarono le proprie energie nel boom edilizio che trasformò Palermo e altre città. Tra il il 1959 e il 1964, un periodo noto come 'il sacco di Palermo', gli imprenditori edili legati alla mafia cambiarono il volto del capoluogo, demolendo edifici storici, parchi e ville e costruendo una giungla caotica di palazzoni di cemento realizzati con la massima economia. I costruttori che rifiutavano di piegarsi alle richieste della mafia si vedevano saltare in aria i cantieri o facevano una fine prematura.

Durante il 'sacco di Palermo', sindaco della città era Salvatore Lima. Secondo i rapporti della polizia dell'epoca, noti personaggi mafiosi erano di casa in municipio. In quel periodo, una stretta associazione con noti esponenti mafiosi era più un marchio di potere che una vergogna.

Questa situazione cominciò a mutare quando a Palermo scoppiò una feroce guerra di mafia. Tra il 1960 e il 1963 vi furono almeno 88 omicidi di stampo mafioso. La ricchezza portata dal boom edilizio aveva scatenato feroci conflitti tra le cosche della città, che cominciarono a contendersi il controllo di quel fruttuoso giro d'affari. Le proteste riguardo gli assassinii di Palermo furono ignorate a Roma, dove molti democristiani continuavano a insistere che la mafia non esisteva. Ma nell'estate del 1963, sette carabinieri vennero uccisi da una bomba destinata a un boss, provocando uno scandalo nazionale e una massiccia operazione di polizia.

Nel 1964, nel corso di un'indagine, il sindaco Lima fu costretto ad ammettere di conoscere Angelo La Barbera, il capo di una delle principali 'famiglie' di Palermo e uno dei protagonisti della recente guerra di mafia. Un imprenditore locale testimoniò che, per ottenere una licenza edilizia, aveva dovuto pagare una cospicua bustarella a Lima, trattando attraverso il boss Tommaso Buscetta. Nella sua relazione finale, la Commissione parlamentare antimafia nominò Lima 163 volte e lo descrisse come una delle colonne del potere mafioso a Palermo.

Ma nulla di tutto ciò riuscì a scalfire la sua posizione nell' ambito della DC. Al contrario: vinse trionfalmente le elezioni e divenne deputato, superando a sorpresa politici assai più affermati di lui. La cosa stupefacente è che Lima, uomo di poche parole, non parlava quasi mai in pubblico. I voti arrivavano, come per magia, al momento delle elezioni. Il suo successo non era solo dovuto al forte appoggio delle famiglie mafiose ma anche alla formidabile rete clientelare da lui creata. Posti di lavoro, appartamenti, promozioni, appalti municipali ... tutto veniva distribuito in funzione del sostegno a lui fornito. Un politico del Nord che vide Lima a Palermo notò con stupore quanto fosse diverso in Sicilia il rapporto tra un uomo di potere e il suo elettorato: quando Lima entrava in un bar della città, la gente si alzava subito in piedi, in un automatico segno di rispetto verso un potente.

Quando, nel 1968, arrivò a Roma, Lima decise di cambiare corrente nell'ambito della DC, così come un giocatore di calcio decide di cambiare squadra. La decisione di entrare nella corrente andreottiana non fu il frutto di una qualche profonda affinità ideologica, bensì una precisa alleanza di potere. 'Se vengo con Andreotti, non voglio venire solo, ma con i miei luogotenenti, i colonnelli, la fanteria, la fanfara e le bandiere' disse a Franco Evangelisti.[9] 'E quando arrivò la data fissata, nell'ufficio di Andreotti a Montecitorio arrivò davvero alla testa di un esercito' ricordò Evangelisti in un'intervista del 1992.

Andreotti scelse di ignorare le voci e le accuse relative ai legami di Lima con le cosche palermitane. 'I siciliani hanno sempre fatto delle polemiche tra loro, "Sei mafioso, non sei mafioso",' dice Andreotti. 'Sono sempre stato molto cauto in tutto questo.' Questa 'cautela' è stata forse dettata dal fatto che Lima era un elemento chiaramente prezioso sotto il profilo politico. Benché Andreotti avesse una solida base elettorale a Roma e dintorni, nel resto dell'Italia sua corrente poteva contare su una piccola percentuale di iscritti. Al culmine del suo potere, Lima controllava il 25 per cento di tutti gli iscritti DC in Sicilia, una delle regioni più popolose d'Italia. Se da un lato è vero che Andreotti – come lui stesso insiste nel dire – è stato un importante ministro anche prima della sua alleanza con Lima, è altrettanto vero che la sua capacità di arrivare ai massimi livelli di potere era legata alla possibilità di trasformare la sua corrente in gruppo radicato in tutto il territorio nazionale.

L'accordo tra Andreotti e Lima fu fruttuoso per entrambi gli interessati. Il primo divenne presidente del Consiglio nel 1972 e il secondo, per un certo periodo, ebbe un'alta carica nel governo. Come lo stesso Andreotti, Lima era molto abile nel respingere le accuse di legami mafiosi con battute spiritose e dotte: 'Dante scriveva: in chiesa coi santi, in taverna coi ghiottoni' dichiarò una volta alla stampa. 'L'uomo vive con la società che ha attorno. Certo, qui in Sicilia il rischio di certi contatti è maggiore. Chi non conosce la mafia non rischia nulla, chi ce l'ha in casa il rischio lo corre.' Ma non riuscì a far dimenticare la sua fama di referente politico[10] della mafia...

Nel consentire all'appoggio di Salvatore Lima, Andreotti si comportava in modo per nulla diverso da quello adottato prima di lui da altri leader democristiani. Per sua stessa ammissione, non sapeva molto sulla mafia e ne aveva molto sottovalutato il potere. 'Secondo me, Andreotti ha fatto questo ragionamento: siccome la mafia c'è sempre stata, e forse ci sarà sempre, perché non dovrebbero andare i loro voti verso una causa buona piuttosto che a una cattiva?' ha detto un ex-democristiano che preferisce restare anonimo. Andreotti si dichiara estraneo a questo tipo di calcolo, ma ammette che all'epoca può aver ignorato il problema mafia, 'per non avere grane, per quieto vivere'.

Ugo Stille, *Andreotti* (Milan, Mondadori, 1995)

Notes

1 Self-evident.
2 The decentralisation of public expenditure to small councils.
3 The 'spontaneous' mobilisation of the mafia in favour of one or more candidates.
4 A bugging device.
5 A priori, i.e. of its very nature.

6 Prosecuting counsel.
7 An interpretation which would see the politicians as victims.
8 The official title of the Prime Minister.
9 Evangelisti (1922-93), Christian Democrat and close ally of Andreotti.
10 Political reference point.

8 Business and finance

8.1   There are now mafia-controlled companies competing with perfectly legal undertakings, but enjoying advantages over them, such as access to investment capital from suspect sources. The new mafia operates in a grey area, concerning itself with the laundering of 'dirty money' as well as with productivity, but it does represent a model different in kind from the purely parasitic mafia of the past.

Le analisi del fenomeno 'mafia' dedicano oggi largo spazio alla descrizione di quella che ormai nel linguaggio corrente viene definita come 'l'economia mafiosa'. In questi ultimi anni infatti, va sottolineato, rapporti e indagini giudiziarie hanno permesso di conoscere sempre più a fondo i rapporti tra le organizzazioni mafiose e il processo economico: nell'elaborazione di possibili circuiti di accumulazione illecita di capitale si è rapidamente passati dall'immagine tradizionale dell'intermediazione parassitaria[1] a schemi più sofisticati e complessi imperniati sul riciclaggio, attraverso vari canali e sistemi, del denaro 'sporco' in attività 'pulite'. È possibile, sulla base delle conoscenze acquisite, tracciare mappe dell'economia mafiosa assai realistiche e azzardarne stime e quantificazioni.

Proviamo allora a individuare e descrivere alcuni meccanismi attraverso cui le organizzazioni mafiose strutturano e gestiscono attività economiche. C'è da distinguere, innanzitutto, per non creare inutili sovrapposizioni, tra economia mafiosa e criminalità economica da un lato e corruzione politica dall'altra: noi ci occuperemo solo delle prime e in quanto segue guarderemo soprattutto all'azione della mafia come struttura organizzata che ha per sua finalità specifica l'accumulazione del denaro. Tutto questo sulla base di una ipotesi di lavoro che conviene subito esplicitare: e cioè l'essenza di potere mafioso non sta più nella sua capacità di stabilire rapporti di interesse con (e tra) le altre sfere dell'economia, della politica, della società, quanto nell'esercizio di vere e proprie funzioni imprenditoriali, del tutto pulite e legali, almeno all'apparenza, in settori produttivi e nella distribuzione di beni e servizi. Attività non fittizie, di copertura ma piuttosto sbocchi fondamentali di una serie di comportamenti criminosi finalizzati a consolidare posizioni e allargare la scala di rendimento. E che possono senz'altro anch'essi definirsi economici almeno sotto un duplice profilo: o perché creano valore aggiunto, rispondendo a una domanda, per quanto deteriore, del mercato – contrabbando, prostituzione, droga – o perché, pur non generando reddito, comunque lo redistribuiscono – furti, estorsioni – assolvendo paradossalmente a un compito tipico dello Stato.

Il modello dell'economia mafiosa sembra poggiare oggi su tre meccanismi tra loro interrelati: 1) la destinazione di fondi reperiti con azioni criminose (tangenti, sequestri, estorsioni) tanto ad ulteriori attività illecite – traffico di stupefacenti, ad esempio – quanto ad attività formalmente lecite avviate con la copertura di società controllate da persone di assoluta fiducia; 2) l'uso delle banche come strumenti per il funzionamento delle diverse organizzazioni economiche e dei loro livelli di attività; 3) l'inserimento nel settore edile con conseguente controllo degli appalti e l'appropriazione di ampi flussi di spesa pubblica. Questi tre meccanismi concorrono al processo di sviluppo dell'economia mafiosa, un processo, può notarsi, che impone ritmi di accumulazione sempre maggiori...

Andiamo per ordine ed esaminiamo uno per uno i meccanismi ora descritti.

Le attività illegali rendono alla mafia un fatturato che si aggira dai trenta (più della metà dell'intero gettito dell'IRPEF)[2] ai quaranta mila miliardi l'anno (quasi il 10% del prodotto nazionale). Mille miliardi, si dice, vengono dal racket, altrettanti da estorsioni *una tantum*,[3] ventimila miliardi dal traffico di droga, il resto dai sequestri di persona, dal contrabbando, dal traffico d'armi. Soffermiamoci su tre facce dell'economia criminosa: l'inserimento della mafia nel settore del commercio, le infiltrazioni nella rete dei casinò da gioco e per ultimo l'industria dei sequestri. Seppur con diversità di accento le organizzazioni dei commercianti hanno denunziato di recente forme di sconvolgimento del mercato provocato da 'riciclaggio' di denaro sporco in esercizi commerciali. E questo attraverso il pagamento di buonuscite[4] che allontanano piccoli negozianti dalle zone di prestigio della città o puntando su forme di concorrenza sleale (l'uno e le altre facilitate dalla possibilità di poter disporre di finanziamenti a tasso zero)[5]...

Un commento a parte merita il rapporto tra mafia e casinò. Si è scoperto che proprio in questi ultimi anni si attuava, con delle tecniche di ripulitura tutto sommato assai semplici, riciclaggio di denaro sporco. O utilizzando il sistema del cambio delle banconote in *fiches* e quindi in assegni che venivano incassati nel proprio luogo di origine o puntando su 'cambisti'[6] che, a interessi altissimi, prestavano soldi 'sporchi' ai giocatori rimasti al verde[7] in cambio di assegni di conto corrente. Il denaro 'ripulito' veniva a sua volta depositato in banca e andava a costituire fondo di investimento per attività apparentemente lecite.

E veniamo all'industria del sequestro. C'è una sorta di divisione del lavoro nell'economia mafiosa. Se la mafia siciliana ha i più attrezzati laboratori per la produzione di droga pesante, la *camorra* napoletana controlla alcune produzioni agricole, il contrabbando delle 'bionde'[8] e la reimmissione nel mercato delle merci di provenienza furtiva. Alla nuova *'ndrangheta* calabrese tocca invece il primato dei sequestri di persona portati a termine non soltanto sul proprio suolo ma anche in trasferta, specialmente a Roma e nelle grosse città del Nord...

Parlavamo di un secondo meccanismo alla base dell' accumulazione illecita di capitale: il rapporto tra economia mafiosa e sistema bancario. Ora qual'è esattamente il tipo di rapporto? Vediamo di semplificare il più possibile. Le banche servono innanzitutto come occasione di investimento per capitali sospetti; funzionano in molti casi da eletto canale di riciclaggio, appoggiano i diversi segmenti dell'economia oscura più che sommersa[9] esistente nell'isola.

Ma c'è anche un secondo livello di rapporto. È la stessa dimensione del volume monetario, variamente valutato come abbiamo visto ma certamente dell'ordine di migliaia di miliardi, a escludere l'idea del mafioso che si presenta sempre allo 'sportello'[10] con la valigia di dollari oppure che utilizza i normali canali di accredito e trasferimento come una qualunque società di import-export. Certo c'è anche questo, ma la misura accertata è di un'entità tale da far ritenere che quanto meno altri grossi flussi della finanza mafiosa seguano circuiti ben più sofisticati, in modo da riuscire ad accedere in sostanza ai mercati finanziari internazionali saltando passaggi intermedi ed evitando materiali movimenti di valuta.

Passiamo al terzo meccanismo, tipico dell'economia mafiosa: l'inserimento cioè nel settore edile con il conseguente controllo degli appalti oltre che l'appropriazione di ampi flussi di spesa pubblica.

Le infiltrazioni mafiose nel settore edile avvengono a vari gradi: innanzitutto questo settore funge da sede prediletta di riciclaggio dei proventi dell'accumulazione violenta... L'impresa mafiosa è a completo suo agio in questo terreno, grazie ai notevoli vantaggi competitivi rispetto a un'impresa normale. E questo per la possibilità di scoraggiare la concorrenza anche attraverso ben precise attività di intimidazione, per la compressione salariale che impone e la maggiore fluidità della manodopera in essa occupata.

Un terzo grado infine, anche questo ben esplorato dalle istruttorie di coraggiosi magistrati: il controllo degli appalti. Nell'aggiudicazione di numerosi appalti pubblici e nell'esecuzione di lavori per cifre considerevoli sono stati individuati dalla mafia altri fertili campi in cui svolgere attività formalmente lecite e incanalare il surplus di denaro contante disponibile. L'argomento è scottante e nel trattarlo occorre procedere con cautela. C'è una serie di collegamenti perversi (secondo un rapporto della guardia di finanza[11] grazie anche a contatti e a coperture garantite da determinati ambienti politici) nella distribuzione degli appalti tra certi imprenditori, fornitori, procacciatori,[12] intermediari. Un mondo quasi completamente inesplorato, regolato da una legislazione all' apparenza impeccabile che non riesce però a impedire l'affermarsi di una prassi fatta di accordi sotterranei, patteggiamenti, decisioni a tavolino, il tutto realizzato con raffinatezza tale da rendere spesso difficile alla magistratura la prova di responsabilità e collusione...

Mario Centorrino, *L'economia mafiosa*
(Soveria Mannelli, Rubettino, 1986)

8.2 Mafia companies, far from conforming to the laws of peaceful competition, have introduced an element of violence into the market-place. Catanzaro examines the ownership and objectives of such companies, drawing attention to the sectors in which they operate and to their need to serve such purposes as the recycling of money derived from criminal enterprises.

L'impresa moderna si definisce come un'organizzazione orientata alla realizzazione di un profitto con metodi formalmente pacifici. Inoltre l'attività deve consistere nella produzione di beni e servizi non vietati dalla legge. I parametri in base ai quali si può dunque definire se un'impresa è mafiosa sono due: il primo, relativo al tipo di attività lecita o illecita; il secondo relativo ai metodi utilizzati nella competizione economica, e cioè se la realizzazione del profitto avviene con metodi formalmente pacifici ovvero con metodi violenti. Non è rilevante invece, ai fini di una definizione del carattere mafioso o meno dell'impresa, un riferimento alle origini 'mafiose' del capitale accumulato. Il denaro non ha collarino di riconoscimento,[13] e pertanto ciò che conta è il modo in cui viene utilizzato sotto il profilo della produzione e dei metodi di concorrenza.

Sulla base di questi criteri risultano quattro tipi di imprese. I primi tre possono essere definiti come quelli entro cui si collocano le imprese mafiose:

1 imprese che svolgono attività di produzione illecita e utilizzano metodi violenti di scoraggiamento della concorrenza;
2 imprese che svolgono attività di produzione illecita e utilizzano metodi formalmente pacifici (tipo di non facile riscontro empirico);[14]
3 imprese che svolgono attività di produzione lecita e utilizzano metodi violenti di scoraggiamento della concorrenza;
4 imprese che svolgono attività di produzione lecita e utilizzano metodi formalmente pacifici.

La rilevanza di questa tipologia non sta soltanto nella possibilità di distinguere tra quali tipi di imprese si possono collocare quelle mafiose, ma nella constatazione che la differenza fra il terzo e il quarto tipo risiede semplicemente nei metodi utilizzati, e quindi il passaggio dall'una all'altra condizione non è difficile da realizzarsi, soprattutto quando si consideri l'incidenza dell'ambiente e del modo prevalente in cui si configura la concorrenza tra imprese. In tal modo la tipologia opera una discriminazione rispetto alla tendenza frequente a fare un fascio[15] di tutte le imprese siciliane utilizzando il termine 'mafia' come ombrello che le ricopre tutte. Tale tendenza è criticabile, ma trova fondamento nella considerazione per cui i confini tra l'uno e l'altro tipo di impresa sono estremamente labili, per cui imprese non mafiose si trovano spesso costrette, per ragioni di sopravvivenza, a far fronte ad una concorrenza esercitata con metodi violenti, e devono anch'esse far ricorso a tali metodi.

Accanto a queste imprese ne esiste un altro tipo: si tratta dell''impresa paravento', cioè che non svolge, o svolge in misura minima, attività produttive e serve invece per il riciclaggio del capitale di origine illecita e del denaro sporco. In questo caso più che la singola impresa assume rilevanza il reticolo delle imprese che fungono da sistema complessivo di riciclaggio.

La gran parte delle imprese messe in piedi da gruppi mafiosi opera essenzialmente in quattro settori di attività: costruzioni, materiali per le costruzioni, servizi e agricoltura. Si tratta di settori caratterizzati da livelli tecnologici molto bassi e da rilevanti tassi di nati-mortalità;[16] molte imprese falliscono, e c'è una continua creazione di iniziative imprendioriali. Le dimensioni sono medie o piccole, sia in termini di capitale sociale che di forza lavoro utilizzata e di volume d'affari complessivo. I settori in cui tali imprese operano sono quelli nei quali in misura più evidente e con dimensioni più ampie si è indirizzato l'intervento pubblico a sostegno dell'economia siciliana. Un'altra caratteristica consiste nell'elevata variabilità, talvolta anche stagionale, del volume di attività svolte, sia in termini di fatturato che di occupazione. Infine si tratta di imprese a bassa complessità organizzativa; spesso funzionano soltanto con un amministratore, pochi sindaci, basso capitale sociale, pochi uffici. La funzione prevalente di queste imprese, svolta attraverso due modalità organizzative differenti, non è dunque di tipo produttivo, ma risponde all'esigenza di riciclare il denaro sporco e reimmetterlo nei circuiti normali...

Le strategie messe in atto dai gruppi mafiosi per immettere nei normali circuiti finanziari il denaro di origine illecita sollevano un interrogativo connesso alla scarsa articolazione organizzativa delle loro imprese. L'impresa moderna è una struttura organizzativa straordinariamente complessa; nel caso delle imprese mafiose, tale complessità organizzativa non si riscontra a livello della singola impresa, quanto piuttosto a livello del reticolo di imprese che fanno capo ad un'unica famiglia.

La complessità organizzativa dei reticoli di imprese è dimostrata inanzitutto dal loro numero. Il gruppo mafioso facente capo alla famiglia Badalamenti aveva messo in piedi dieci imprese (e si tratta soltanto di quelle sulle quali il Tribunale ha potuto compiere gli accertamenti), quasi tutte indirizzate esclusivamente al riciclaggio del capitale sporco... Il frazionamento e la moltiplicazione del numero delle imprese rispondono ad esigenze funzionali rivolte a differenziare i luoghi di riciclaggio, e quindi ad evitare che l'individuazione di un'impresa comporti anche quella delle altre in un processo a cascata...[17]

Un altro punto va sottolineato con riferimento alle modalità organizzative dei reticoli di imprese, e riguarda il ruolo giocato dalle persone. Nel gruppo Badalamenti due sole persone controllavano le dieci imprese in cui era articolato il reticolo organizzativo... Questo ruolo prevalente giocato da singoli soci delle imprese evidenzia la persistenza di un carattere tradizionale dei gruppi mafiosi, vale a dire quello di essere centrati sul ruolo cruciale giocato dal leader. In particolare l'utilizzazione della forma impresa non comporta, per i gruppi mafiosi, l'affermazione del ruolo impersonale dell'organizzazione aziendale, ma combina una forma moderna con forme arcaiche di potere personale.

Il moderno sistema di mercato ha istituzionalizzato una forma di competizione economica, la concorrenza tra imprese e tra individui, nella quale non è dato spazio se non a modi formalmente pacifici di confronto tra i soggetti. Le imprese quindi operano entro una rete istituzionalizzata di rapporti di scambio il cui fondamento è dato dalla fiducia ... Ciò che caratterizza il sistema dell' economia mafiosa, e quindi il rapporto tra imprese e individui dentro questo sistema e con l'economia nel suo complesso, è rappresentata dalla violenza. La forma-impresa è, per i gruppi mafiosi, strumentale rispetto al perseguimento di finalità illecite, e tali finalità vengono perseguite tramite il ricorso a transazioni di mercato e insieme violente;[18] ne consegue che la violenza non viene eliminata dall'economia; le relazioni di mercato non si svolgono in modi formalmente pacifici, ma attraverso forme intimidatorie e metodi violenti.

Raimondo Catanzaro, *Il delitto come impresa* (Milan, Rizzoli, 1991)

Notes

1 The traditional image of the mafia as parasitical, not wealth-creating, middleman.
2 IRPEF (Imposta sul reddito delle persone fisiche), income tax.
3 Latin: once only.
4 A payment made to encourage a person to relinquish certain rights, e.g. tenancy agreements.
5 Interest free.
6 (Illegal) exchange dealers.
7 Who had run out of cash.
8 Slang term for cigarettes.
9 Murky rather than invisible economy.
10 Branch of a bank.
11 Customs officers.
12 Enablers, wheeler-dealers.
13 Identity tag.
14 A type hard to find in practice.
15 To bundle together.
16 Stillbirths.
17 A domino effect.
18 Transactions which are both violent and market transactions.

9 Drugs trade

9.1 The most persistent of all legends, still present in Tommaso Buscetta's confessions, is that there once existed an honourable mafia which refused on principle to involve itself in drug operations. If this version of history is clearly inaccurate, involvement in the drugs trade did lead to profound changes in the mafia. It produced enormous profits, led to the closer ties with Cosa Nostra in the USA and to the internationalisation of the mafia.

Si fa risalire al summit mafioso dell'ottobre 1957, svoltosi a Palermo presso l'Hotel delle Palme, il varo di un piano organico di collaborazione tra le organizzazioni mafiose siciliane e le famiglie americane di Cosa Nostra. Al vertice parteciparono vari capimafia siciliani e americani, tra cui Joe Bonanno, capo della famiglia omonima di New York,[1] Joseph Palermo, della famiglia Lucchese della stessa città, Vito Di Vitale, della famiglia Genovese, Lucky Luciano, trasferitosi in Italia dal 1948, Giuseppe Genco Russo, capomafia di Mussomeli succeduto a Calogero Vizzini al comando della mafia siciliana, Gaspare Magaddino di Castellammare, legato alla famiglia mafiosa di Buffalo. Il vertice discusse della necessità di rimpiazzare Cuba, come luogo di transito per l'importazione della droga negli USA, e della possibilità di usare l'apparato organizzativo della mafia siciliana. Da quanto risulta da atti giudiziari,[2] il vertice di Palermo si concluse con la costituzione di un gruppo operativo della famiglia Bonanno con la partecipazione della mafia di Partinico, in provincia di Palermo, e di Castellammare del Golfo, in provincia di Trapani.

I mafiosi di queste zone svolgevano già da alcuni anni il traffico di stupefacenti. Nel 1952 ad Alcamo, tra Palermo e Trapani, furono sequestrati 6 kg di eroina e furono denunciati vari mafiosi, tra cui Frank Coppola, di Partinico ma a lungo residente negli Stati Uniti, Salvatore Greco di Palermo e John Priziola, capofamiglia di Detroit.

Altri mafiosi siciliani preferivano operare al di fuori dell'isola. Lo stesso Lucky Luciano non scelse come residenza la Sicilia e operava in contatto con ambienti industriali del Nord, come la società Schiapparelli di Torino, il cui direttore professor Migliardi «era riuscito a deviare dalla produzione ufficiale al mercato clandestino 250 chilogrammi di eroina',[3] e alcune società di Milano, tra cui la SAICOM, il cui responsabile, Guglielmo Bonomo, docente di Chimica all'Università Statale di Milano, 'ha avuto in un solo anno la disponibilità di 450 kg di eroina, un quantitativo enorme e di enorme valore, una fonte preziosa che Luciano utilizza, ai suoi scopi, fino all'esaurimento'.

Nel periodo 1951-1961 il quantitativo accertato di eroina inviato negli Stati Uniti dall'Italia è di 371 chilogrammi. Le tre organizzazioni individuate come le principali responsabili del traffico di droga sono dirette da siciliani, ma operanti fuori dall'isola. La più pericolosa era quella diretta dai fratelli Salvatore e Ugo Caneba, palermitani residenti a Roma, che avevano inviato nel Nord America non meno di 285 kg di eroina, fornita da francesi e in buona parte prodotta dal laboratorio di Milano, scoperto nel 1957 ed operante fin dal 1954.

Alla luce della documentazione raccolta nelle sentenze del giudice Terranova e del giudice Vigneri, la mafia siciliana appare 'da vent'anni a questa parte la principale artefice del contrabbando di stupefacenti diretto dalla mafia statunitense'.[4]

Nel corso degli anni '70 le organizzazioni mafiose siciliane avrebbero sostituito le famiglie americane nella direzione del traffico internazionale. Quel che è certo è che la Sicilia in quegli anni non è più soltanto zona di transito e madrepatria di attori con ruolo di protagonisti ma è diventata sempre di più zona di trasformazione, come testimoniano le scoperte di raffinerie di eroina effettuate nei primi anni '80.[5] Tra il 22 settembre 1971 e il 6 luglio 1978, presso l'aeroporto Kennedy di New York, sono stati sequestrati 94,930 kg di eroina, tutta proveniente da Palermo, il che fa pensare che dovevano esserci in Sicilia laboratori di produzione di eroina, che dovevano essere scoperti solo a partire dal 1980.

Da alcune inchieste giudiziarie risulta il ruolo di primo piano di quattro famiglie siciliane: gli Spatola-Inzerillo, i Gambino, i Bontate e i Badalamenti. Queste famiglie, forti dei loro legami di parentela, hanno operato in stretto rapporto con le famiglie americane, costituendo un gruppo compatto, il cui capo sarebbe stato Carlo Gambino, parente dei Gambino residenti in Sicilia e dei fratelli Inzerillo.

L'egemonia delle famiglie siculo-americane nel mercato della droga e più in generale all'interno della criminalità organizzata internazionale, sostenuta da fonti ufficiali e da studiosi, sarebbe il frutto di una serie di fattori, tra cui la maggior dotazione di capitali e il miglior *know-how* sul piano delle attività criminali a largo raggio.

Le famiglie mafiose sopra indicate, considerate come le più potenti del mondo del crimine, sono risultate perdenti nella guerra di mafia svoltasi dal 1981 al 1983, risoltasi con la vittoria di alcune famiglie alleate dei 'corleonesi'.

Un punto su cui si è insistito negli ultimi anni è che il sempre maggiore coinvolgimento dell'organizzazione mafiosa siciliana nel traffico di droga avrebbe prodotto profonde trasformazioni nella struttura organizzativa, anzi una vera e propria mutazione della mafia, con l'abbandono dei codici tradizionali, a cominciare da quello dell'onore, e l'introduzione di nuovi schemi di comportamento.

Le ricerche condotte dal Centro Impastato[6] permettono di considerare le novità indubbiamente riscontrabili negli anni più recenti all'interno di una visione che intreccia continuità e trasformazione. Per cui, se sono nettamente da respingere versioni apertamente interessate, come quella del 'superpentito' Buscetta, che contrappone una mafia 'degenerata' a una mafia d'altri tempi rappresentata quasi come 'società di mutuo soccorso',[7] si possono considerare come aspetti nuovi, caratterizzanti la mafia dagli anni '70 ad oggi come mafia finanziaria:

1 l'incremento dell'accumulazione illegale, mai registratosi con queste dimensioni, con tutto ciò che esso comporta: uscita dalla dipendenza dei soggetti criminali, prima in larga parte dipendenti dal denaro pubblico;[8] riciclaggio del denaro sporco e inquinamento del sistema finanziario, lievitazione delle attività illegali e legali;

2 acuirsi delle concorrenze interne e scontro all'esterno con chi si

oppone al processo di espansione. In questa chiave vanno letti i delitti degli anni '80: i concorrenti sono cresciuti di numero, sono più agguerriti e conducono con modalità violente la gara egemonica, interna per il controllo su attività cresciute a dismisura, ed esterna, non in un generalizzato attacco allo Stato ma con la violenza mirata, con cui si eliminano personaggi che si presentano come ostacoli alla crescita del ruolo complessivo dei soggetti mafiosi.

La droga ha avuto un ruolo fondamentale nel processo di finanziarizzazione della mafia[9], nell'intensificazione della violenza, ma è infondato affermare che la mafia solo adesso è diventata associazione criminale, essendo un dato inoppugnabile la natura delinquenziale del fenomeno mafioso fin dalla sua fase di incubazione. Non c'è da questo punto di vista un prima della droga e un dopo droga,[10] mentre tale discrimine può essere utilizzato per quanto riguarda la crescita dell'organizzazione come soggetto dell'accumulazione illegale.

Umberto Santino, *La borghesia mafiosa* (Palermo, Centro siciliano di documentazione 'Giuseppe Impastato', 1994)

9.2 Giovanni Falcone's investigations into mafia income led him to conclude that while the mafia as such had not involved itself in the drugs trade, it left individual members to pursue their own interests. Sicilians for a certain period controlled the trade internationally and the sheer volume of money compelled the mafia to move into the world of international high finance.

E veniamo a quella che viene comunemente ritenuta la fonte principale delle entrate di Cosa Nostra: la droga. Sappiamo che negli anni Ottanta la mafia siciliana, con alla testa le famiglie Cuntrera e Caruana, originarie di Siculiana in provincia di Agrigento, si era assicurata una grossa fetta del traffico di eroina destinata agli Stati Uniti. Ma, anche nel periodo di maggiore espansione del traffico, Cosa Nostra in quanto tale non era coinvolta. I mafiosi e le famiglie che se ne occupavano lo facevano a titolo personale.

Ciò significa che potevano utilizzare nel traffico un certo numero di non-mafiosi e perfino di non-italiani, mentre per tutte le altre attività, per così dire, istituzionali, Cosa Nostra tende a servirsi solo di uomini d'onore. Il traffico di stupefacenti, in altri termini, era un'impresa che non differiva in modo sostanziale da qualsiasi altra attività commerciale, dal commercio, per esempio, di pellami. Di conseguenza, ciascun uomo d'onore poteva occuparsene a titolo personale senza renderne conto a nessuno, trattandosi di un'attività – per così dire – privata. Nella famiglia di Santa Maria di Gesù, Stefano Bontate e suo fratello Giovanni lavoravano entrambi nel campo della droga, ma separatamente.

I siciliani hanno cominciato a intrattenere rapporti commerciali con gli americani soprattutto perché negli Stati Uniti potevano contare su affidabili teste di ponte[11] affiliate alle grandi famiglie isolane. E hanno conquistato una posizione di predominio. Se chimici francesi di riconosciuta competenza hanno accettato di raffinare morfina-base a Palermo è certamente perché erano pagati profumatamente[12] e sapevano di non correre grossi rischi, ma soprattutto perché i siciliani erano gli unici ad avere il pieno controllo del mercato della produzione e del commercio della droga. Nella seconda metà degli anni Settanta era praticamente impossibile qualsiasi operazione di un certo rilievo che non li vedesse coinvolti.

Indagando nei confronti di Mariano Piazza e Giovanni Lo Cascio nel 1987, abbiamo scoperto una partita di eroina proveniente dal Medio Oriente, raffinata nei dintorni di Marsiglia e caricata su una nave con destinazione Miami in Florida, dove, a riceverla, c'erano alcuni siciliani arrivati da Palermo. Erano stati incaricati di distribuire direttamente la partita di eroina negli Stati Uniti, mercato che conoscevano alla perfezione. Gli anni 1983-85 hanno visto il dominio quasi assoluto dei mafiosi siciliani nello smercio dell'eroina negli Stati Uniti.

Il lavoro rimaneva sempre molto parcellizzato. Non vi era un solo uomo d'onore che sovrintendesse ad acquisto, raffinazione ed esportazione negli Stati Uniti. Numerose persone erano impiegate a diversi livelli: dell'acquisto erano incaricati coloro che conoscevano meglio le rotte dei contrabbandieri di sigarette dal Medio

Oriente e mantenevano rapporti diretti con i produttori; della raffinazione quelli già dotati di una certa specializzazione in materia, coadiuvati da tecnici stranieri; della vendita le persone più svariate. I Cuntrera e i Caruana, importanti collettori di eroina in Europa, secondo le confessioni di Buscetta e di altri, si occuparono in un primo tempo anche del trasporto negli Stati Uniti. In seguito si limitarono alla importazione e alla distribuzione.

Il coinvolgimento della mafia è estremamente mutevole, dal punto di vista qualitativo e quantitativo. Mentre qualche anno fa Cosa Nostra gestiva il 30 per cento del traffico mondiale di eroina verso gli Stati Uniti, nel 1991, secondo stime americane, la sua quota è scesa al 5 per cento. Altri gruppi sembrano prevalere adesso: cinesi, portoricani, curdi, turchi, armeni... una gran confusione.

E a complicare le cose, al traffico di stupefacenti si affianca spesso il commercio illegale di armi.

Il progressivo distacco di Cosa Nostra dal traffico di eroina è confermato da fatti oggettivi: dal 1985 – dalla scoperta del laboratorio di Alcamo, presso Palermo – non sono stati scoperti altri laboratori né in Sicilia né in altre parti d'Italia; i sequestri di partite di eroina provenienti dalla Sicilia sono diminuiti di pari passo agli arresti di mafiosi direttamente coinvolti nel traffico. La situazione è comunque ancora troppo fluida per consentire valutazioni definitive. Va ricordato, per esempio, che quando nel 1987 venne arrestato a Napoli, il noto Pietro Vernengo aveva con sé non eroina, ma nove chilogrammi di morfina-base a diversi stadi di raffinazione. Il potenziale acquirente doveva quindi saggiare presumibilmente la bontà di diversi metodi di trasformazione. E nel 1990 nei pressi di Lucca è stato arrestato un altro siciliano, Gabriele Randazzo, anch'egli con una partita di morfina-base, proveniente sicuramente da Milano e destinata al Sud (per venirvi raffinata?). Lo stato del mercato degli stupefacenti è quindi molto confuso; è certo comunque che, almeno a livello di commercializzazione, Cosa Nostra non ne detiene più il monopolio, né in Italia né altrove...

Traffico di droga uguale riciclaggio. È impensabile che i profitti derivati dal commercio di stupefacenti giungano ai beneficiari per vie legali. Da qui la scelta della clandestinità. Per tre motivi: il carattere illegale dell'affare; le eventuali restrizioni all'esportazione di capitali; la naturale prudenza di spedizionieri e destinatari.

Poiché le manovre finanziarie necessarie per riciclare il danaro sporco non possono venire effettuate integralmente dalle organizzazioni interessate – cui fanno difetto le competenze tecniche necessarie – il compito è affidato a esperti della finanza internazionale, i cosiddetti 'colletti bianchi', che si pongono al servizio della criminalità organizzata per trasferire capitali di origine illecita verso paesi più ospitali, i ben noti 'paradisi fiscali'.[13] E sempre difficile individuare le tracce di operazioni del genere. Il riciclaggio – che consiste in operazioni dirette a ripulire la ricchezza dalla sua origine illegale – per essere combattuto efficacemente richiederebbe armoniche legislazioni internazionali e una seria collaborazione tra gli Stati interessati.

Giovanni Falcone, *Cose di Cosa Nostra* (Milan, Rizzoli, 1991)

Notes

1 Mafia activity in New York is controlled by the 'five families' – Bonanno, Magliocco, Genovese, Gambino and Lucchese.
2 Judicial proceedings.
3 Commissione parlamentare d'inchiesta sul fenomeno mafioso in Sicilia, Relazione sul traffico degli stupefacenti, 1976, p. 455.
4 Ibid, p. 429.
5 'Tra l'agosto del 1980 il febbraio del 1982 sono state scoperte a Palemo o nelle vicinanze della città quattro raffinerie, ciascuna delle quali produceva 50 kg di eroina a settimana' (note by Umberto Santini).
6 Centro siciliano di documentazione 'Giuseppe Impastato', an archive and anti-mafia centre founded by Umberto Santino and Anna Puglisi.
7 Self-help society.
8 The mafia, previously dependent on moneys taken from public contracts, now found itself freed of such constraints.
9 The process by which the mafia transformed itself into a financial power.
10 The 'before' and 'after' stages do not exist.
11 Bridgeheads.
12 Extravagantly.
13 Tax havens.

10 Portraits

In the earlier part of this century two men, Calogero Vizzini and Genco
Russo, were widely viewed as being, one in succession to the other,
supreme head of the Sicilian mafia. The authors of these profiles differ in
their assessment of this power, but agree that each can be considered as a
representative figure of the mafia in the political-social conditions of their
times. Their biographies are indispensable to an understanding of the
operation of the rural mafia, before its transformation into an urban
phenomenon. After this follow two portraits of mafia bosses of more
recent times.

10.1 Calogero Vizzini

Calogero Vizzini morí di vecchiaia nella sua casa di Villalba il 12
luglio 1954 all'età di settantasette anni. I suoi funerali furono
imponenti. Vi parteciparono molte autorità locali e provinciali,
parecchi uomini politici e tutti i rappresentanti della mafia. Moriva
in braccio alla Chiesa e al partito di maggioranza[1] come volevano
gli zii vescovi e i fratelli preti. Il panegirico tracciato nel grande
cartello appeso alla cattedrale del paese, parata a lutto, concludeva
con queste parole: 'fu un galantuomo'.

In realtà, durante il periodo in cui fu sindaco di Villalba,
all'epoca dell'amministrazione AMGOT, egli riuscí a fare sparire
dal casellario giudiziario[2] del Tribunale di Caltanissetta, dalla
questura e dalla caserma dei carabinieri, i fascicoli che riguarda-
vano i suoi precedenti penali.[3] Tuttavia, da documenti ufficiali di
vecchi processi, nell'Archivio di Stato, risulta che nella sua lunga
carriera egli fu imputato piú volte di rapina, associazione a
delinquere, strage, abigeato, corruzione di pubblici funzionari,
bancarotta semplice e fraudolenta, estorsione, truffa aggravata e
quale mandante di omicidio. Fu piú volte arrestato, ma sempre
immediatamente rilasciato; i numerosi processi in cui fu imputato

105

o si perdettero strada facendo o si conclusero con una assoluzione per insufficienza di prove, massimo titolo d'onore per un mafioso.[4]

Ufficialmente analfabeta, figlio di un povero coltivatore diretto, lasciò alla sua morte un patrimonio valutato in circa due miliardi. La sua vita è un classico esempio di come un grosso 'pezzo da novanta' riesce a far fortuna sfruttando il particolare ambiente economico-sociale della Sicilia, e come possa trovarsi al centro di una intensa attività criminosa senza essere colpito dalla giustizia in virtú della vasta rete di interessi, di favori e d'omertà di cui s'è saputo circondare.

Calogero Vizzini nacque sotto la costellazione del leone, in Villalba, il 24 luglio del 1887, da Beniamino, contadino e piccolo coltivatore diretto. La madre, la Turidda Scarlata, apparteneva a una famiglia non ancora borghese, ma che già allora si avvaleva del prestigio che le derivava dall'annoverare un componente sacerdote assai ben visto nella curia vescovile di Caltanissetta...

I due fratelli di Calogero Vizzini, Giovanni e Salvatore, intrapresero entrambi la carriera sacerdotale, e vi avrebbero certamente raggiunto alti gradi se non fosse stato per l'attività del fratello maggiore che provocò pesanti inframmettenze delle gerarchie fasciste presso quelle vaticane. Purtroppo, però, una strana legge di contraddizioni fece sí che in tanto ben di Dio[5] di vocazioni sacerdotali don Calogero mostrasse fin dall'infanzia tutt'altre attitudini. Si rifiutò sempre a qualsiasi fugace contatto con la scuola, sicché ufficialmente fu analfabeta, e lungi dal vergognarsene mostrò sempre di vantarsene anche quando, da grande, senz'altra scuola che il suo intuito, fu in grado di eseguire a mente conti anche complessi e di stipulare, senza assistenza di alcuno, fruttuosi contratti di appalto e tracciare sulla carta la sua firma.

In ogni modo, questa pur sintomatica inimicizia per ogni forma di cultura, non era ancora rivelatrice delle vere vocazioni del nostro personaggio, cosí come fu rivelatore, invece, un episodio occorsogli nel 1894 quando era appena diciassettenne. Gli capitò allora di invaghirsi della prosperosa figliola del proprietario e gestore della sorbetteria[6] Solazzo di Villalba, e poiché non pensava neppure di passare per le oneste e piú lunghe vie del fidanzamento e del matrimonio, decise di cavarsi la voglia in modo assai piú spiccio e per nulla impegnativo. Era di ostacolo a tale proposito don Andrea Parenti, autorevole cancelliere della pretura di Villalba e fervido ammiratore della ragazza.

Il giovane Calogero ebbe modo cosí pubblicamente, come a un uomo del suo stampo si addiceva, di liberarsi dell'avversario: un giorno, accompagnato da alcuni amici entrò nella sorbetteria Solazzo ove già si trovava il Parenti, e, simulata una rissa, riuscí a trascinarvi il malcapitato cancelliere che fu suonato di santa ragione...[7] Il Vizzini venne tradotto in caserma, ma l'immediato intervento dello zio, allora parroco di Villalba, valse a chiudere la vertenza nel senso che il Parenti rinunciò a denunciare il suo aggressore e che tutto fu messo a tacere: da quella volta nessuno osò piú avvicinare la prosperosa fanciulla che aveva avuto la ventura di interessare Calogero, e che tuttora, vecchia e nubile, vive in Villalba di tali ricordi.

In quello stesso periodo di tempo Calogero Vizzini cominciò ad interessarsi ai feudi viciniori[8] del paese, ma non da agricoltore, ché ufficialmente il giovane non esercitava alcun mestiere. In quel tempo le campagne del Nisseno[9] erano infestate dagli uomini dei ferocissimi banditi Gervasi e Vassalona, le cui gesta sanguinarie dovettero suggestionare Calogero, il quale, battendo i feudi, stabilí fruttuosi contatti col bandito Gervasi...

Nel 1898 ebbe il suo primo incontro con la giustizia: fu incriminato come mandante di un omicidio a scopo di rapina e fu assolto per insufficienza di prove. Negli anni successivi si legò anche alla banda del feroce brigante Paolo Vassalona, fino a quando, nel 1903, fu arrestato e processato assieme agli altri uomini della banda. Già protetto da una fitta rete di omertà, fu tra i pochi che furono assolti per insufficienza di prove.

Dopo quel processo, e soprattutto quella terza assoluzione con la formula tipica che sancisce l'impotenza della polizia a infrangere le barriere dell'omertà, il nostro, divenuto frattanto 'u zu Calogero',[10] ebbe tutte le carte in regola per entrare ufficialmente nella cerchia dell''onoratà società', e vi entrò dalla via classica, prendendo in affitto delle terre e divenendo gabellotto. Per alcuni anni ancora l'autorità giudiziaria non ebbe piú occasione di occuparsi del neo-gabellotto, segno questo non già di una flessione della sua attività mafiosa, ma piuttosto della nuova cerchia entro la quale si muoveva, fatta di uomini che potevano contare sulla doppia protezione che loro veniva dal basso, per generale paura, e dall'alto per i legami e le benevolenze che godevano presso i baroni e presso le autorità imbelli e corrotte...

In quel tempo, come è stato detto, la mafia era al colmo del suo potere nel feudo, culla e teatro delle attività criminose. Ai baroni s'erano sostituiti i gabellotti, non meno interessati a mantenere gli antichi privilegi feudali... Una tale struttura sociale era mantenuta con la violenza, essendo garantita l'immunità da parte dei baroni anche contro la legge e i poteri legittimi, a poco a poco sostituiti dalla mafia, che s'incaricava di mantenere l'ordine nelle campagne esercitando una grossolana giustizia.

Ai primi del secolo la nuova borghesia terriera formata dai gabellotti aveva acquistato una tale potenza da dominare qualsiasi attività del borgo, imponeva taglie e tributi pena la distruzione del raccolto, il taglio delle viti e l'uccisione del bestiame. Chi pagava la taglia diveniva 'amico' e riceveva in cambio protezione dagli 'scassapagghiari'.[11] Il gabellotto mafioso, essendo in condizione di imporre la sua volontà alle famiglie numerose che vivevano nel feudo, divenne ben presto un autorevolissimo procacciatore di voti. Non a caso, come si è già detto, *al tempo del collegio uninominale le circoscrizioni elettorali coincidevano con le consorterie mafiose.*[12]

La potenza dei gabellotti mafiosi col tempo si rivolse anche contro gli stessi proprietari che non si vedevano pagare più l'affitto e quando tentavano di vendere il fondo non trovavano altro compratore che lo stesso gabellotto che offriva un prezzo irrisorio. Nessun altro osava farsi avanti.

Proprio in questo modo, cioè senza concorrenti, don Calò aveva acquistato all'asta pubblica il feudo 'Suora Marchesa' di 505 ettari nel territorio di Serradifalco. In quel tempo egli andava organizzando cooperative di combattenti e reduci istituite dopo la prima guerra mondiale e in seguito controllate dal regime fascista. Alla presidenza di una di queste cooperative aveva fatto eleggere il fratello prete, don Salvatore, e come direttore un suo nipote, figliolo della sorella. I criteri di quotizzazione adottati dalla famiglia Vizzini furono tali che tutta la parentela venne denunciata per truffa, ma l'istruttoria, come capita nei processi contro i mafiosi, si trascinò per circa vent'anni, fino al 1943, quando don Calò venne nominato sindaco di Villalba, e cioè fino a quando gli autori della denuncia non si ritirarono accollandosi per di piú tutte le spese di giudizio. Altri contadini, divenuti membri del locale partito fascista, fecero pressioni di ogni genere perché le terre venissero veramente assegnate ai soci, ma don Calò si difese con le armi tradizionali della mafia: ad alcuni contadini venne bruciato il raccolto e ucciso il bestiame a opera d'ignoti. Con questo sistema non solo vennero ridotti alla ragione i soci della cooperativa, ma riuscí a far cacciare i contadini di altri feudi, Polizzello, Micciché e Vicaretto, che vennero concessi in gabella a lui stesso...

Nel 1929, in pieno regime fascista, egli venne imputato ancora per associazione a delinquere e ancora assolto per insufficienza di prove.

Nel 1932 venne dichiarato prescritto un processo di estorsione contro di lui, tale procedimento giaceva da oltre dieci anni presso gli uffici giudiziari di Caltanissetta, seguendo le sorti di tanti incartamenti penali che in Sicilia vanno misteriosamente a sparire negli archivi; nel 1935 venne dichiarato fallito, dopo di che venne lasciato in pace per qualche tempo.

Negli ultimi anni della guerra, quando le cose cominciarono ad andar male per l'esercito italiano, don Calò, con l'aiuto dei fratelli preti, riuscí a barcamenarsi abilmente tra i vari gruppi di sopraffattori che s'erano formati nella zona e che si trovavano in conflitto tra di loro... Don Calogero era il personaggio piú ragguardevole e in certo qual modo l'arbitro del conflitto tra le due fazioni. Senza ricoprire ancora il titolo di capo della mafia siciliana, titolo che doveva essergli conferito di lí a poco, egli già controllava una fitta e proficua rete di cosche dalle Petralie a Lercara, da Mussomeli a Caltanissetta.

Le vicende che seguirono lo sbarco degli alleati in Sicilia procurarono a don Calò un prestigio che non aveva mai avuto in passato. Impegnato in grossi affari di borsa nera[13] e nel riorganizzare le cosche, egli faceva continui viaggi a Palermo. Lo seguivano per le vie del centro uomini di origine politica diversa e di ambizioni contrastanti. Vedeva gente di ogni specie: alcuni dovevano diventare deputati e ministri.

Per don Calò non vi furono *off limits*. Egli era il solo civile che potesse disporre di un appartamento nell'unico importante albergo della città rimasto in piedi e requisito dagli alleati. Intanto pensava come mantenere quel prestigio e quella potenza. Si proponeva di ristabilire i vecchi contatti politici e di restituire alla mafia la vecchia funzione di strumento elettorale in cambio di favori e di agevolazioni. Don Calò manteneva rapporti con tutti cercando di individuare la carta buona...

Michele Pantaleone, *Mafia e Politica* (Turin, Einaudi, 1962)

10.2   Giuseppe Genco Russo

Siamo arrivati a Genco Russo, poiché fatalmente il discorso sulla mafia agricola doveva condurci a colui il quale, per venti anni, è stato ritenuto il capo di tutta la mafia siciliana. Il personaggio di Genco Russo è veramente esemplare. Denunciato sedici volte per innumerevoli reati, furto, concorso in omicidio, associazione a delinquere, estorsione, venne sempre assolto e condannato una volta sola, durante il regime fascista, per omessa vaccinazione di bestiame. In quarant'anni Genco Russo, che nella sua giovinezza era un piccolo, oscuro mercante di bestiame, un uomo molto povero e ignorante che vagava da una fiera di paese all'altra a contrattare cavalli, divenne sempre piú ricco, acquistò feudi, case, palazzi, divenne comproprietario di una banca di prestiti agricoli, partecipava alle cerimonie ufficiali accanto alle massime autorità della provincia, pronunciava discorsi politici, venne riabilitato dalla condanna per omessa vaccinazione ed infine addirittura nominato Cavaliere della Repubblica.

Ho conosciuto Genco Russo quando egli era al sommo della sua potenza e sono riuscito ad ottenere da lui un memoriale, scritto di suo pugno. Sono stato l'unico giornalista che abbia ottenuto questo; quel giorno Giuseppe Genco Russo era contento poiché aveva fatto un comizio politico ed era stato applaudito a lungo da una grande folla di concittadini. Bevemmo assieme molti bicchierini di rosolio, che è un liquore che si fa ancora in talune famiglie della Sicilia, e parlammo anche di donne. Aveva un'idea precisa anche sulle donne. Mi disse che una donna deve essere fedele fino alla morte. Gli chiesi se la regola valeva anche per l'uomo, ma fece una piccola smorfia sprezzante. E una risata. Quel giorno era davvero molto soddisfatto ed euforico e alla fine consentí a scrivere quel memoriale. Poiché aveva frequentato la scuola fino alla seconda elementare e aveva smarrito qualsiasi dimestichezza con la penna, mi dettò il suo pensiero. Disse testualmente:

Io sono Genco Russo, io sono cioè l'uomo che tutti i giornali d'Italia e la televisione hanno indicato come il capo incontrastato della mafia. La gente dice che sono un uomo molto famoso e molto potente; io dico che sono solamente il capo della mia famiglia. Forse è vero che sono molto potente, ma per capire questo bisogna capire come è fatta la gente siciliana e cosa si intende per potenza. Ecco: io ho quella che si dice un''anima puttana',[14] cioè un cuore che appartiene a tutti, che si impietosisce di tutti, che vuole bene a tutti, soprattutto ai poveri, a quelli che hanno bisogno d'aiuto. Io voglio che ci sia pace fra la gente, e per questo, forse perché cerco di essere il piú saggio possibile nei miei pensieri, molta gente si rivolge a me per chiedere un consiglio, per porre fine ad un rancore ad un odio fra persone, ad una lotta di interessi. Sono stato arrestato, è vero, ma in tutti i processi non ci fu una sola persona che testimoniò contro di me, e nessuno si costituí parte civile[15] per chiedermi danni. Io ho aiutato molta gente, soprattutto durante la guerra. Molta gente mi deve la vita: la mia potenza come la chiamate voi, deriva appunto dal sentimento di amicizia e gratitudine di tanti uomini, dall'aiuto, dal soccorso che ho dato a tutti coloro che ne hanno avuto bisogno…

Eravamo seduti in un vecchio salotto, come se ne trovano ancora nelle case piú antiche della Sicilia, con le poltrone di velluto, un grande lampadario di legno dorato e grandi uccelli impagliati, lungo le pareti. Tutti quegli uccelli impagliati davano un aspetto piuttosto tetro alla stanza. Ad un certo momento Genco Russo disse ad alta voce: 'Il caffè!', e subito da una portiera comparve sua moglie, una signora anziana, con i capelli grigi, la quale ci servì il caffè in alcune tazze di porcellana. Andava e veniva, versava il caffè, portava via le chicchere senza dire una parola. Non mi guardò neppure in faccia. Per tutto il tempo che dettò quel memoriale Genco Russo tenne amorosamente seduta in braccio la sua nipotina di sei anni, carezzandola sui capelli. Sul finire alzò di nuovo solennemente il braccio e annunciò: 'Il liquore!', e subito comparve la signora con i bicchieri pieni di rosolio rosso. Era impressionante la precisione con la quale la moglie gli obbediva, quasi anticipandone il pensiero.

Giuseppe Genco Russo mi parve un uomo molto vecchio e molto ignorante, ma forse fingeva di essere l'uno e l'altro. Non riuscii a capire nemmeno una volta come un uomo cosí, che sapeva appena leggere e scrivere, che non aveva mai fatto un viaggio piú lungo di cento chilometri, che probabilmente non aveva mai avuto nemmeno una grande forza fisica, potesse essere il capo della mafia, l'uomo che aveva nelle mani il destino di migliaia di altri uomini che vivevano anche sull'altra faccia della terra, fra i grattacieli di New York. Lo osservai con estrema attenzione per tutto il tempo, ed egli osservò me, indeciso fra il disprezzo, la simpatia o il sospetto. Piccolo di statura e obeso, aveva le gambe troppo corte che cercava continuamente di accavallare; parlava lentamente, con gesti magniloquenti come tutti i siciliani che discendono dagli spagnoli; aveva uno strano volto con due baffetti minuscoli, le mani scure, dure e legnose come quelle dei contadini, un vestito di ottima lana inglese e le scarpe infangate. La cosa che piú colpiva della sua fisionomia erano gli occhi che aveva piccoli, astuti e vagamente feroci.

Di lui in tre giorni riuscii a sapere che aveva probabilmente la maggior parte delle azioni della banca rurale del paese, che possedeva una tenuta di alcune centinaia di ettari di terreno, coltivati secondo i criteri piú moderni, con concimi eccellenti e trattori, che aveva delle stalle modello dove allevava centinaia di cavalli, che aveva due figli, uno laureato in legge e l'altro in agraria, che aveva settant'anni, che era stato condannato una volta sola per non aver fatto vaccinare le sue vacche, e che nel 1943, durante la battaglia di Sicilia fra le truppe anglo-americane e quelle italo-tedesche, egli era stato visitato da alcuni alti ufficiali della Quinta Armata americana i quali lo avevano solennemente ringraziato per il contributo che egli aveva dato alla invasione. Nel memoriale che mi consegnò, Giuseppe Genco Russo scrisse una cosa estremamente interessante:

'Molti mi chiedono perché in talune zone della Sicilia ci sia tanta criminalità, e tanta gente sia uccisa. Io so soltanto che il paese dove io abito è Mussomeli, e Mussomeli è un paese di gente buona, dove non ci sono criminali, e nemmeno assassini, né rapinatori e ladri. Negli ultimi quindici anni c'è stato solo un omicidio per passione, un uomo che ha ucciso la moglie che l'aveva tradito. Un galantuomo!'

Egli scrisse questa frase per dimostrare certamente che la zona in cui viveva era una zona di cittadini onesti; ma quella frase aveva un altro significato piú certo, che egli probabilmente non aveva intuito; e cioè che nella zona dove egli aveva la sua casa, le sue campagne, i suoi cavalli, la sua famiglia, i suoi amici, la sua banca, e tutti i suoi interessi umani, non c'era uomo, per criminale che fosse, che avesse l'audacia di turbare con un delitto, un furto, una rapina, un assassinio, la serena potenza di Genco Russo.

Per trent'anni, in realtà, Genco Russo venne ritenuto il capo onnipotente di tutta la mafia. Una convinzione, questa, determinata dalla sua grande amicizia con don Calogero Vizzini, ma soprattutto dalla sua invulnerabilità, sia nei confronti dello Stato, che non riuscí mai a condannarlo per alcun delitto, sia nei confronti della criminalità, che non osò mai recare offesa o danno nel suo territorio.

Nella realtà, Genco Russo non era il capo di tutta la mafia per il semplice fatto che non esiste un capo assoluto di tutta la mafia. L'amicizia di don Calogero Vizzini e la sua invulnerabilità non significavano niente. Don Calogero Vizzini infatti, al momento della morte, era solo un vecchio mafioso di provincia, il cui prestigio era ingigantito dalla straordinaria rete di conoscenze in campo politico e dalle relazioni con la malavita americana, con i cui esponenti, soprattutto Lucky Luciano, egli aveva collaborato durante il periodo della guerra per facilitare lo sbarco delle truppe alleate in Sicilia. I suoi incontri con alti generali della Quinta Armata americana mentre ancora si combatteva in Sicilia, la familiarità e il rispetto con cui quegli ingenui militari trattavano quel vecchio misterioso e onnipotente, la devozione di molti uomini politici nell'immediato dopoguerra avevano creato attorno a Vizzini questa aureola di grande capo. Ma in verità negli ultimi anni della sua vita, don Calogero era solo un patetico vegliardo che i mafiosi dell'ultima generazione guardavano con la benevolenza che si deve agli ottuagenari innocui; semmai dava fastidio solo ai comunisti ai quali, fino all'ultimo giorno della sua vita, vietò testardamente di tenere comizi al suo paese. Faceva loro trovare la piazza completamente deserta e una volta addirittura li fece prendere a schioppettate dai suoi campieri.

Da lui Genco Russo ereditò solo un vago prestigio, e qualche migliaio di voti da poter utilizzare nel modo piú conveniente. Né la sua invulnerabilità era piú significativa, poiché in effetti Genco Russo non venne mai aggredito da altri criminali, poiché cercò sempre scrupolosamente di non violare altri interessi mafiosi. Questa la sua grande saggezza: l'aver saputo creare nel territorio di Mussomeli, povero e relegato nel cuore della Sicilia, la sua piccola repubblica mafiosa, neutrale e pacifica come la Svizzera, nella quale nessuno osava penetrare anche perché non c'era niente che valesse la pena di affrontare una lotta, né grandi pascoli, né acque da irrigazione; solo quindici o ventimila voti di elettori che però apparivano troppo compatti attorno al vecchio Genco. Il suo isolamento, la sua buona educazione, la sua astuzia di vecchio lupo, la sua estrema prudenza, l'essere sempre amico di tutti e nemico di nessuno, lo portarono probabilmente al ruolo di pacificatore delle controversie mafiose non ancora compromesse irrimediabilmente dal sangue. Ecco, Genco Russo era una specie di magistrato della mafia.

Egli ebbe soprattutto la grande saggezza di capire che la vecchia mafia stava per essere travolta dai tempi e che, oltre l'orizzonte della sua roccaforte, verso le montagne di Corleone che si aprono nell'immensa vallata di Palermo, stava nascendo una maniera nuova di intendere il potere e la violenza e che lo scontro sarebbe stato un massacro. L'evento lo colse ormai vecchio, quasi cieco, forse non riuscí nemmeno a capire bene cosa stava accadendo e perché. Né quali fossero le gigantesche prede in gioco. Per Genco Russo probabilmente, la mafia cittadina dovette apparire fino all'ultimo una cosa di gangster, troppi morti e soltanto per i soldi.

Giuseppe Fava, La mafia (Rome, Editori Riuniti, 1984)

The following two portraits represent the generation of mafia who had no knowledge of the traditional rural mafia and who lived through its transition from urban phenomenon to international drug-dealing gangsterism. The articles were each writen on the arrest of the two men after an extended period of hiding.

10.3   Gerlando Alberti

Cinquantatrè anni, mascelle da pugile, occhi da furetto, nessuno che l'abbia mai visto sorridere, presunto luogotenente di Luciano Liggio nonchè fiduciario di 'Cosa Nostra' americana. 'Per raccogliere tutti i fascicoli giudiziari intestati a Gerlando Alberti a Palermo, Napoli, Genova, Milano e in decine di altre città italiane non basterebbe l'intera cancelleria di un tribunale,' dice un alto funzionario della Criminalpol. Da 20 anni infatti non c'è stato grosso caso di mafia che non abbia visto Alberti ora nel ruolo di imputato, ora in quello di indiziato oppure semplicemente di 'chiacchierato':[16] dalla strage di Ciaculli alla sparizione del giornalista Mauro de Mauro, all'assassinio del procuratore capo della Repubblica di Palermo, Pietro Scaglione... Alberti però ha sempre ironizzato: 'Mafia? Cos'è la mafia? Una marca di formaggio?' Al di là del curriculum penale, c'è però qualcos'altro che spiega in che scenario si è mossa la travolgente escalation di Gerlando Alberti.

Palermo 1927. I genitori di Alberti abitano al numero 307 di via Cappuccini, quartiere Danisinni: più che una casa, la loro è una spelonca. Quando sta per nascere 'Gerlandino', l'ostetrica supplica i parenti: 'Aiutatemi a trasportare la madre sul portone. Qui non filtra un filo di luce.' A 12 anni 'Gerlandino' è già noto in tutto il quartiere. Qualcuno ne parla al 'patriarca' Gaetano Filippone, che lo prende sotto la sua protezione e gli affibbia un nome di battaglia: 'Paccarè', diminutivo di 'paccaredu', dall'aggettivo 'paccaru'. Significa: giovincello furbo con la mentalità dell'adulto e la saggezza dell'anziano. Uno insomma che ha appreso presto la lezione di farsi largo a ogni costo, prima per sopravvivere, poi per primeggiare. Un esempio? A 17 anni 'Paccarè' entra in una salumeria, adocchia una forma di caciocavallo e tenta di portarsela via.

Un ragazzino vede e avverte il proprietario. Per la 'spia' ci sono cazzotti, per il proprietario ingiurie, minacce e pernacchie.

Palermo 1944, Alberti è già tra i luogotenenti di Gaetano Filippone. Quando incontra il boss, 'Paccarè' si genuflette, gli bacia il grosso anello che porta al dito: ha già imparato l'altra lezione, come accattivarsi la simpatia dei grandi ed avere il sostegno compiacente per salire, uno per uno, i gradini della criminalità organizzata. E Gaetano Filippone non solo accetta l'ossequio del pupillo, ma dandogli pacche sulle spalle, risponde: 'Santu e benedittu, figghiu mio!' ('Santo e benedetto, figlio mio'). Quando tra il '55 e il '60 Filippone dà il suo appoggio alla cosca Greco-Liggio, Alberti lo segue e ha il compito più rischioso: quello di spiare le mosse del clan rivale La Barbera-Torretta. Da questo momento il nome di Alberti incomincia ad essere collegato, direttamente o indirettamente, a tutti i grandi fatti di mafia. Ma lui è uno specialista nel negare, negare sempre, pure davanti all' evidenza. Il suo curriculum penale si gonfia soprattutto di pro-scioglimenti in istruttoria o di assoluzioni per insufficienza di prove.

Il nord Italia e Milano in particolare entrano nei programmi di Alberti sin dal 1961, quando 'Paccarè', ormai boss, prende casa in via Pietro Crespi ed apre un negozio di tessuti. La polizia intercetta il suo telefono e si accorge che le stoffe sono soltanto un paravento: Alberti si occupa di decine di altri traffici e fa continuamente la spola tra Napoli, Roma, Genova ed anche Palermo. Il 30 giugno del '63 due 'Giuliette' cariche di tritolo saltano in aria a Villabate e a Ciaculli: muoiono 7 militari. 'Paccarè' sarebbe stato visto a Palermo; arrestato, viene assolto dai giudici di Catanzaro. E torna a Milano: si stabilisce in via General Govone. I suoi spostamenti però continuano. Il 10 dicembre 1969, quando un commando di killer travestiti da poliziotti fa irruzione nell'ufficio dell'impresa di costruzioni Moncada, in viale Lazio, uccidendo quattro persone, 'Paccarè' viene visto ancora a Palermo. Soltanto una coincidenza? Non si sa: anche se mancano prove concrete, i carabinieri però incominciano ad assegnare ad Alberti il ruolo di 'capo dell' anonima assassini' per conto della mafia e di 'Costa Nostra'.

Tra il '70 e il '71 il tribunale di Palermo spedisce al soggiorno obbligato[17] esponenti della mafia siciliana: allora 'Paccarè' si eclissa, prende un appartamento a Cologno Monzese e lo adibisce a 'punto di riunione'. Il 29 luglio 1970, a Milano, transita da Piazza della Repubblica un'Alfa Romeo 1750, diretta verso Cologno Monzese. A bordo c'è un quintetto di presunti boss che in quel momento la polizia ritiene a capo di tutti i traffici mafiosi italiani e dei Paesi del Mediterraneo. I loro nomi: ovviamente Gerlando Alberti e, poi, Salvatore Greco, Gaetano Badalamenti, Giuseppe Calderoni e Tommaso Buscetta. Manca solo Luciano Liggio. Cinquanta giorni dopo il 'vertice' in auto, esattamente il 19 settembre, viene rapito il giornalista Mauro de Mauro. E nel maggio del '71, in via dei Cipressi a Palermo, un commando uccide il procuratore capo Pietro Scaglione. Ancora semplici coincidenze?

'Paccarè', arrestato a Calolziocorte (Bergamo) nel '75 in casa di due coniugi siciliani incensurati, torna in liberà per decorrenza dei termini sulla carcerazione preventiva.[18] Inviato al soggiorno obbligato di Seneghe (Oristano), il 27 ottobre 1977 dovrebbe presentarsi al tribunale di Napoli per rispondere di 'associazione per delinquere, contrabbando e traffico di stupefacenti'. Ma lui taglia la corda e torna al Nord. Il 20 febbraio 1978 una 'soffiata' ai carabinieri dà per certa la sua presenza in una villetta di Legnano. Ecco l'irruzione dei carabinieri. Sette finiscono in manette. C'è pure un presunto 'inviato speciale' di 'Cosa Nostra', che protesta: 'Noi oriundi siciliani in America siamo particolarmente legati a Santa Rosalia protettrice di Palermo. Sono in Italia per comprare la statua.' E Alberti? Alberti non c'è: fiutata la trappola, ha fatto in tempo a svignarsela.

'Paccarè' più che le manette teme il mal di reni: soffre infatti di disturbi. Ecco perchè, soprattutto al Nord, polizia, carabinieri e Guardia di Finanza tengono sotto controllo cliniche, ospedali e ambulatori privati e trascurano ippodromi (è un hobby del boss puntare ai cavalli), sale cinematografiche (preferisce le storie patetiche e si commuove) i ristoranti (ama la buona tavola ed è galante con le signore sino al baciamano). Lui invece è già in Sicilia. Proprio negli ultimi tempi a Palermo la mafia ha preso a far tuonare le canne mozze[19] come mai era accaduto in passato, nemmeno nel '60 e nel '70, uccidendo magistrati, funzionari di polizia, ufficiali del carabinieri, uomini politici. Ed è pure a Palermo che la mafia ha riportato la sua 'centrale' del traffico internazionale di eroina e dell'import-export con gli Stati Uniti. Ancora semplici coincidenze? Un fatto comunque sembra certo: Alberti è arrivato a Palermo per seguire da vicino la produzione del più grande laboratorio clandestino di droga della mafia siciliana. Una conferma alla sua fama di 'uomo giusto al momento giusto'.

Enzo Catania (*Il Giorno*, 27 August 1980)

10.4 Salvatore (Toto') Riina

Proviamo a ripercorrere questa vita per sommi capi. Salvatore Riina è uno dei pochi veri corleonesi, fra i tanti che sono etichettati con questo aggettivo. Lui a Corleone c'è nato davvero. Data di nascita: 16 novembre 1930, due anni prima di Tommaso Buscetta, palermitano, suo grande nemico, il pentito onnipotente che di lui ha detto, lo scorso novembre: 'E chi dice che Riina comandi ancora, che valga ancora qualcosa?'

Era un ragazzino di mano, insieme a Luciano Liggio, quando Cosa Nostra entrò in contatto con il terzo distretto dell'US Navy, per ottenere mano libera in Sicilia in cambio della ripulitura del porto di New York dalle spie tedesche che fornivano agli U-boat atlantici la rotta dei convogli. Aveva 13 anni quando la stessa rete usò Vito Genovese[20] per prendere contatto con Calogero Vizzini, panza, bretelle, catena d'orologio sul gilé e la camicia slacciata,[21] che sarebbe diventato sindaco di Villalba dopo l'operazione Husky, lo sbarco alleato. Aveva 13 anni quando il suo capo e idolo (non per molto) Liggio, diciottenne, già vantava il titolo di 'Primula rossa di Corleone',[22] ma girava impunito perché vantava, così diceva lui, protezioni fra gli sbirri.

Per conto di Liggio il giovane Totò Riina avrebbe occupato posti direttivi nelle commissioni, avrebbe eseguito gli omicidi da quello comandati dall'interno del carcere, avrebbe spinto la sua impunità fino a prendere possesso della rete criminale clandestina detta Cosa Nostra, agendo come uno Stato nello Stato, in supplenza e in alternativa dello Stato, contro lo Stato. Aveva 18 anni quando Buscetta entrava nella famiglia di Porta Nuova d''u zu' Tano Filippone', avendo come padrino un altro futuro boss dei boss: Gerlando Alberti.

Luciano Liggio si sentiva forte, protetto, onnipotente. E decise di far valere la sua forza dichiarando lo guerra ai vecchi tromboni della mafia storica, guidati da un borghese, un medico, il dottor Michele Navarra, celebre per aver fatto fuori un pastorello ficcanaso con una endovenosa d'aria.[23] Il 2 agosto del 1958 Liggio liquidò il rivale sulla nazionale 118, nei pressi Sant'Isidoro. Il ragazzo Riina era dalla sua parte. Seguì un regolamento di conti[24] con i navarriani: nove morti e la vittoria per i corleonesi. La giustizia non ha fretta con loro: Totò Riina è sul banco degli imputati,[25] insieme a Bernardo Provenzano, Luciano Liggio e Calogero Bagarella. Impiegherà 11 anni per processarli e molto meno per assolverli. Da quel momento Riina scelse di vivere una vita più parallela che clandestina, all'interno del suo anti-Stato nello Stato. Tessendo e scomponendo, trattando e attaccando. Capì che con il potere legale si devono poter usare entrambi i registri: quello della corruzione, della messa a stipendio,[26] dell'intimidazione e del ricatto, unito all'uso delle maniere spicce quando lo Stato deve in qualche modo render conto all'opinione pubblica.

Fra l'eliminazione di Navarra e il processo si era svolta la cosiddetta prima guerra di mafia, a cavallo fra il 1962 e il 1963. La guerra sfociò in un terribile incidente: cinque carabinieri e due artificieri dell'esercito saltarono in aria su una bomba a doppia carica, destinata a Totò Greco a Ciaculli. La strage del 30 giugno 1963 mise i corleonesi di fronte a un crimine di proporzioni e sfrontatezza inaudite. Le reti di protezione nei confronti della mafia impazzita saltarono. I mafiosi si presero una paura bestiale e Salvatore Greco, dal gentile soprannome di 'Chicchiteddu', (l'uccellino), chiuse la ditta Cosa Nostra, sciolse il governo e scappò in Sud America.

Buscetta ha rivelato adesso che quel vuoto di potere fu immediatamente riempito dai giovani rampanti corleonesi. La giustizia interna fece mettere a morte l'artificiere del mostruoso congegno, Michele Cavataio, descritto come un pazzo assassino. I corleonesi, tanto per far vedere che pensano e lavorano in grande, uccidono Cavataio provocando una strage spettacolare: si presentano in dieci vestiti da carabinieri negli uffici del costruttore Moncada in viale Lazio, e fanno fuori anche quattro disgraziati che non c'entrano niente. Il delitto é tutt'altro che pazzesco, e anzi viene decrifrato come un mesaggio complesso: non temiamo la legge, esercitiamo la nostra legge che è inesorabile, siamo di casa nelle grandi imprese di costruzione. Buscetta se l'era data a gambe,[27] Chicchiteddu anche, e Badalamenti era rimasto inorridito. Il nuovo governo, la nuova cupola, vedeva in sella Gaetano Badalamenti, Stefano Bontade e Liggio, il quale si era visto riconoscere il titolo di boss dei corleonesi durante il famoso summit all'Hotel des Palmes di Palermo, al quale avevano partecipato, il 16 settembre 1957, personaggi del gotha[28] mafioso, fra cui Lucky Luciano, Joe Bananas e John Di Bellis per la famiglia Genovese,[29] quella – per intendersi – del *Padrino* raccontato da Mario Puzo.

Ma per Liggio sedeva in commissione il suo vicario, Riina. Liggio non poteva esercitare le sue funzioni perché un secondo mandato di cattura lo costringeva a vivere come un pascià[30] nella clinica Villa Margherita a Roma, sotto falso nome. E delegava al suo giovane compagno di scorribande. Formalmente non era nessuno, ma – secondo il racconto del primo vero pentito, il disgraziato Leonardo Vitale che fu internato in manicomio prima di essere fatto ammazzare – Riina era già un mediatore fra i capi, e quindi esercitava il potere.

Il marchio della sua ditta era sempre quello di Liggio, il quale però era costretto a restare lontano: dopo essersi dimesso dalla clinica romana, aveva scelto come nuova sede la promettente Milano e lì si era stabilito, diventando – sulla stampa e nella fantasia popolare – un imprendibile latitante, esattamente come accadrà a Totò Riina. Il quale – molto più a lungo e con un più alto status di impunità – saprà congiungere politica interna e politica estera in Cosa nostra, rivoluzionarne l'attività indirizzandola tutta sul lucroso mercato dell'eroina e poi della cocaina: inevitabilmente le piste commerciali che portano la morfina base dall'Oriente e la cocaina dalla Colombia, sono le stesse usate per il commercio delle armi, il mercato delle informazioni, il flusso del denaro da riciclare, il trasferimento di uomini.

Riina riuscì a impossessarsi gradualmente e definitivamente del potente meccanismo gettando un ponte lungo l'Oceano Atlantico: sotto il suo regno l'organizzazione siciliana prese il sopravvento su quella americana e di fatto le famiglie degli Stati Uniti, i discendenti dei vecchi gangster storici come i Gambino, accettarono di diventare suoi sudditi. Ma un tale impero [che], oltre Napoli, la Sicilia e l'America ispanica, comprendeva anche vaste zone di influenza mafiosa fra l'Alaska e il Messico, poteva durare e conservare le sue ambigue protezioni nazionali e internazionali soltanto finché durasse lo scontro fra Est o Ovest. La caduta del comunismo determinò invece l'immediato smantellamento da parte americana degli Stati narco-mafiosi come Il Panama di Noriega,[31] un crollo di interesse per i mercati parelleli di cocaina ed eroina usabili per compravendite di armi sui mercati del Centro America e del Medio Oriente, la fine della collateralità mafiosa nella politica americana sul fronte cubano e su quello interno, la disintegrazione del sistema partitico italiano e l'improvvisa presa di distanze dall'indecente fornitore di servizi concessi in cambio di impunità.[32]

Riina sapeva che la sua ora era scoccata perché molto più amaramente del principe del *Gattopardo* aveva dovuto prendere atto del fatto che un mondo era crollato e con quel mondo finiva un sistema di alleanze, di potenze, di collusioni. Riina è un contadinaccio, semianalfabeta, un vero criminale che ha ucciso decine di volte con le proprie mani. Ma è un giocatore raffinato e un politico di grande livello. Sua moglie, Antonietta Bagarella, fu la prima donna mafiosa a subire il provvedimento del soggiorno obbligato, che le fu inflitto il 14 luglio 1971. Il che non le impedì di essere sempre al fianco del suo sposo re e latitante, mettere al mondo quattro suoi figli in clinica, registrarli all'anagrafe, battezzarli, cresimarli, vaccinarli.

Ma prima di arrivare a un livello così alto, Salvatore Riina 'u curtu' (il corto), il re dei re del crimine, dovette sottostare a quell' apprendistato sotto Luciano Liggio, che aveva una sua politica interna ed estera connessa con le zone grigie del golpismo[33] e dell'anticomunismo armato, e che lo trascinò nell'omicidio del procuratore Pietro Scaglione: sia per dirottare le attenzioni della polizia sui suoi nemici sia per favorire il tentativo di colpo di Stato del principe Junio Valerio Borghese,[34] che si era rivolto a Cosa Nostra attraverso alcuni rappresentanti della massoneria.

Per quanto se ne può capire oggi, quel golpe mancato era una trappola, o meglio l'innesco per una operazione politica più sofisticata che avrebbe dovuto usare il fantasioso colpo di Stato per provocare un governo di salute pubblica. Cosa Nostra non gradì troppo questo tentativo di impiego: Riina e Liggio decisero più tardi di eliminare il tenente colonnello dei carabinieri Giuseppe Russo, che secondo Tommaso Buscetta era l'agente di collegamento dei golpisti. Riina e Liggio decisero di sbarazzarsi dell'ufficiale alla fine del 1975, ma l'esecuzione dovette essere rinviata fino al 20 agosto 1977 per l'opposizione dei moderati di Giuseppe Di Cristina. La liquidazione del tenente colonnello determinò la fine di un altro capo moderato: Gaetano Badalamenti, che andrà poi a rifugiarsi presso Buscetta in Brasile.

Il 14 maggio del 1974 la latitanza di Liggio era finita a Milano, con l'irruzione della polizia nella sua casa di via Ripamonti. Gaspare Mutolo, all'epoca guardaspalle e autista di Riina, ha assicurato che l'arresto di Liggio segnò il trionfo di Riina, che poté occupare a pieno titolo il posto del suo capo che aveva rappresentato come vicario. Liggio vide nella propria caduta la lunga zampa del 'curto' e vanamente cercò di opporgli in commissione il più fidato Bernardo Provenzano.

La cronaca successiva a quella presa di potere consiste nella catena infernale degli omicidi cui Cosa Nostra ci ha abituato. Ma la più lungimirante operazione che Riina portò a termine appena ricevuta l'investitura fu l'alleanza con i Nuvoletta, tiranni della camorra campana.

In una prolungata notte delle lunghe lupare[35] caddero molti picciotti. Riina li fa assassinare nel corso delle feste campestri, li fa strozzare e liquefare nell'acido, o carbonizzare a pezzi sulla griglia nascosta in una vigna. Sotto il suo comando cade il questore della Mobile Boris Giuliano[36] che stando al parere di Giovanni Falcone non si era reso conto di aver messo le mani su un traffico di denaro e droga di dimensioni planetarie.

La sua linea di condotta diventò sempre più radicale e vincente nei confronti dei morbidi, dei trattativisti,[37] dei palermitani abituati al piccolo intrallazzo affaristico-edilizio, allo scambio di voti e favori. Cadono Stefano Bontade, boss di Villagrazia, e Salvatore Inzerillo. Cadono a decine i mafiosi minori delle famiglie perdenti come Santo Inzerillo e Calogero Di Maggio. Riina, in condizione di piena onnipotenza, decide di uccidere magistrati e poliziotti. Liquida personalmente o fa liquidare dalla commissione tutti gli altri: cade il vicecapo della Mobile Ninni Cassarà, l'ex-sindaco di Palermo Giuseppe Insalaco, il presidente della Regione siciliana Piersanti Mattarella, il giudice Cesare Terranova. Il finale, come recita il titolo di un celebre giallo, è noto. Le stragi di Capaci e via D'Amelio,[38] precedute da una sequenza di massacri, costituiscono l'elemento mostruoso, o come si usa dire 'impazzito', dell'attività criminale di Riina.

Oggi il grande vincente del passato è un perdente, che già sapeva di aver perso. Dietro di lui si affaccia probabilmente una generazione di capi più composti, decisi a far dimenticare gli anni di fuoco, fiamme e detonatori del 'Diavolo'. Riina è vivo, è in buona salute e nella sua mente sono archiviati segmenti importanti della storia segreta e indecente del nostro Paese.

Paolo Guzzanti (*L'Espresso*, 24 January 1993)

Notes

1 The Christian Democratic party.
2 Court files.
3 Criminal record.
4 A verdict of acqittal must be accompanied by a 'formula' giving the grounds on which it was reached. One such formula is 'not guilty for lack of proof'.
5 Abundance.
6 Stall selling soft drinks.
7 Who was given a savage beating up.
8 Close at hand.
9 Adjective from Caltanissetta.
10 Zu, a Sicilian form of 'zio', and was, together with 'don', a title of honour given to mafia chieftains.
11 A Sicilianism; those who destroyed the crops.
12 In the era of single-member constituencies, the electoral boundaries coincided with those of mafia groupings.
13 Black market.

14 Literally – a whore's heart.
15 Under Italian criminal law, anyone who has suffered injury – such as the family of a murder victim – as a consequence of crime has the right to be be represented at any subsequent trial and seek compensation.
16 Discussed, subject of gossip.
17 Internal exile in a place specified by the courts.
18 Expiry of the period of pre-trial custody.
19 Sawn-off shotguns.
20 A mafioso prominent in both Italy and America, who managed to become official interpreter to the occuping American army in 1943.
21 Big belly, braces, gold chain over waistcoat and unbuttoned shirt.
22 Most wanted man.
23 Navarra was a doctor in Corleone, as well as being mafia boss until assassinated by Liggio. In 1948, after the murder of the trade union leader, Placido Rizzotto, by Liggio, Navarra administered a poisonous injection to a young boy brought into the hospital who had probably witnessed the killing.
24 Settling of accounts.
25 In the dock.
26 Putting on the payroll.
27 Made off.
28 Array of leading figures.
29 Leading figures in American Cosa Nostra. Joe 'Bananas' is actually Joe Bonanno who, like Vito Genovese, was head of one of the 'five families' of New York.
30 Pasha, a Turkish title for high ranking officers.
31 Noriega, President of Panama, was arrested by the Americans after a military invasion, and imprisoned on a charge of involvement in international drug smuggling.
32 The sudden move away from the mafia, who had provided services, in return for the guarantee of impunity.
33 Plots to make possible a *coup d'état*.
34 Known as the Black Prince on account of his neo-fascist convictions, Prince Borghese planned a coup d'état in 1950. According to Liggio's evidence at the maxi-trial, Borghese was in contact with Buscetta, while Liggio himself refused to help.
35 A mafia version (using the 'lupara') of Hitler's 'night of the long knives', when he slaughtered his rivals.
36 Deputy police chief of Palermo, killed 21 July 1979.
37 Those who favoured negotiations.
38 The massacres in which Giovanni Falcone and Paolo Borsellino and their bodyguards lost their lives.

11 Challenging the mafia

11.1   The word 'antimafia' has come to denote the movement of resistance, in all its many forms, to the mafia, while 'Antimafia' is the commonly used abbreviation for the parliamentary body whose full name is the Commissione d'inchiesta sul fenomeno della mafia in Sicilia. The historian Francesco Renda considers the Antimafia, and other legislative measures, as instances of 'antimafia'.

Affrontando il tema [dell'antimafia] sotto il profilo storiografico, si può dire in generale che l'antimafia è nata nel momento stesso in cui è nata la mafia. Le due storie sono coeve e si sono svolte secondo linee parallele, con la differenza però che la storia della mafia ha avuto un ruolo protagonista che la storia dell'antimafia non è riuscita a conseguire. La storia della mafia è la storia degli atti di aggressione criminale consumati a danno di singoli individui come a danno dell'intero corpo sociale da parte degli appartenenti a questa organizzazione criminale. È la storia che vede come protagonisti forti anche se negativi gli autori dei fatti criminali. La storia dell'antimafia è la storia che vede come protagonisti deboli anche se positivi le vittime di quegli stessi atti di aggressione criminale, e fra questi protagonisti deboli, vittime della mafia, non vi sono solo le singole persone ma anche la Sicilia e la società siciliana, l'Italia e la società italiana, e in modo particolare vi è soprattutto lo Stato Italiano, rivelatosi non adeguato al compito tutto proprio di un grande Stato moderno. Ricostruire la storia dell'antimafia vuol dire pertanto evidenziare in forma organica e documentata il modo in cui la società nazionale nel suo insieme, quella isolana e quella peninsulare, dal momento in cui è nata la mafia, si è atteggiata nei confronti di questo fenomeno criminoso.
  Che questa storia abbia avuto protagonisti deboli non significa che sia una storia piatta... Fra i picchi alti maggiormente svalutati o sottovalutati vorrei ricordare in particolare quello della nomina nel 1963 della Commissione parlamentare d'inchiesta sul fenomeno

125

mafioso in Sicilia (il Parlamento italiano si decise a tale scelta ben 102 anni dopo l'unificazione dello Stato unitario nazionale; e non era detto che la scelta medesima approdasse ad alcunchè di decisivo; il carattere eccezionale, storico, di quella pur tardiva decisione era di per sè evidente; ma essa fu accolta e gestita come una ordinaria notizia di cronaca.) Altro picco fu quella della conclusione dei lavori della stessa Commissione, 13 anni dopo, documentalmente consegnata nelle relazioni parlamentari di maggioranza e di minoranza dirette alla Camera e la Senato, ma dalle due assemblee mai prese in considerazione...

Quasi per paradosso, la prima acquisizione certa di portata essenziale è che la mafia esiste. Oggi, tale affermazione potrebbe apparire una verità lapalissiana. La mafia esiste, e come! Prima del 1976, invece, dire che esistesse la mafia ovvio non era. Non lo era in parti della Sicilia ove piú densa aleggiava la cultura mafiosa, ma non lo era nemmeno fuori della Sicilia ove la cultura non sembrava avesse messo radici. Persino nella sede della Commissione parlamentare, prefetti, questori, uomini politici, sacerdoti, studiosi non avevano imbarazzo a sostenere che la mafia era una favola, tesa a screditare la Sicilia o a porre in cattiva luce il governo ecc. Fortunatamente, affermazioni simili apparivano anche allora come sfuocate...

Ciò considerato, altro momento alto della storia dell'antimafia dal punto di vista politico e giuridico, ma anche sotto il profilo culturale e morale – è quello dell'approvazione della legge La Torre.[1] Essa ha un particolare – ma forse sarebbe meglio dire eccezionale – significato, giacchè, oltre a operare sul piano pratico, politico e giudiziario, incide anche sul dibattito teorico. Non è possibile che non se ne tenga conto, senza ferire la verità. Chi vuol fare la storia della legislazione antimafia, ma anche chi scrive la storia della mafia, sa benissimo e non può trascurare la circostanza che fino al 1982, cioè fino al momento dell'approvazione di questa legge, non solo la mafia non era reato, ma si discuteva persino se fosse associazione per delinquere;[2] e comunque la magistratura inquirente e giudicante[3] non era della concorde opinione che fosse associazione per delinquere; e dello stesso orientamento si manifestavano anche i teorici del diritto; e, ammesso che altri pochi o molti si dichiarassero di contrario avviso, la mafia come associazione rimaneva invulnerabile sul terreno giudiziario, sfuggendo al castigo per insufficienza di prove.

La legge La Torre ha posto fine a tale situazione, e da quel momento la mafia è reato.

Francesco Renda, *Per una storia dell'antimafia*, in G. Fiandaca e S. Costantino, *La mafia, le mafie* (Bari, Laterza, 1994)

11.2   Both the writer and the subject of this passage can be numbered among the most courageous opponents of the mafia. Danilo Dolci (1924–), born in northern Italy, settled in Sicily in the 1940s. In many of his writings, as in the following passage, he allows ordinary Sicilians to speak in the first person. The speaker was a friend of the Corleone peasant leader, Placido Rizzotto, who headed a movement for land reform in the immediate post-war period, and was killed in 1948 by Luciano Liggio's faction of the mafia.

Attraverso suo padre [Placido Rizzotto] era venuto a conoscenza di come operava la mafia, come la mafia era a servizio dei ricchi. Quando ci fu l'avvento di Mussolini, i ricchi non hanno avuto piú bisogno della mafia e suo padre l'hanno buttato in galera. Lui cominciò a maturare i suoi sentimenti perché sapeva tutto attraverso il padre e i parenti, che qualcuno di loro pare ci aveva a che fare anche con la vecchia mafia di Angelo Spatafora, nello stesso tempo che facevano parte della cooperativa di Bernardino Verro.[4] Andò poi dai sindacati perché capí che attraverso i sindacati potevano sollevarsi le sorti dei contadini poveri. Lui era contro chi prendeva il terreno in gabella, in fitto, perché sosteneva che il gabelloto era piú angherioso, piú soperchioso del proprietario. Lo spiegava il perché. Riteneva che le gabelle erano cose da eliminare. Sapeva che suo padre era stato gabelloto, sapeva che suo padre non lavorava, e come trattava i contadini, faceva riferimento a esperienze proprie. Io gli domandavo: 'Come mai, invece di essere nella direzione della tua famiglia, ci sei contro quella direzione?' Mi rispondeva parlando di quello che faceva la mafia, perché sapeva di omicidi, di soprusi, ne sapeva da non finire mai. 'Anche se io crepassi di fame, terra non ne chiedo ai mafiosi…'

Levando il gabelloto, lui vedeva che sarebbe aumentata la produzione e sarebbe stato investito il capitale che veniva di piú in modo di aumentare[5] l'occupazione della gente. Lui sosteneva che la giornata che lui conosceva anche di dodici, tredici, quattordici ore, poteva cosí diminuire conseguendo un maggiore reddito. Lui ci faceva discussioni enormi di queste storie. Se aveva letto libri di Marx? Una volta gli hanno dato un libro di Marx in prestito, ma lui l'ha piantato, diceva che non era all'altezza di capire, perché la cultura non ce l'aveva, però queste cosé le capiva per conto suo...

Che interesse preciso avevano a toglierlo di mezzo? Secondo me i mafiosi locali avevano visto in Placido l'uomo che si voleva addentrare in tutti i problemi, avevano visto che aveva già mano all'amministrazione comunale, che andavano sempre da lui per consigli. Avevano visto che, diciamo cosí, era benvoluto dalla massa. Si sapeva già che la sezione socialista lo aveva indicato come candidato alle elezioni dell'Assemblea regionale,[6] ma lui non ha accettato assolutamente... La mafia aveva visto tutte queste cose, lo conosceva come persona scaltra e come uno di dentro che esce fuori, come il cane che porta l'osso fuori di casa propria, come dire che nella qualità di figlio di suo padre era addentrato nelle segrete cose, e vedeva che era effettivamente pericoloso per loro...

Placido si era accorto che tutto, in questo ristagno, andava in putrefazione. Qui è come acqua ferma: quando nasce la palude, le cose marciscono, germogliano gli insetti e nasce l'epidemia. E il marcio inquina tutto. Lui diceva: 'Non credo che dovremo restare sempre bestie, qua; arriverà poi il tempo in cui la gente apre gli occhi.' Lui insomma voleva il movimento, lo sviluppo, questa era la sua azione. Non posso darne un giudizio: lui è morto e se è morto ha sbagliato, mi viene da dire, da un lato affettivo. Se giudico però da un altro lato, l'ideale di Placido era ammirevole, perché lui operava con tutto il cuore nell'interesse di tutta l'umanità. Ma alla fine è morto, mi viene ancora da dire. La verità è che l'hanno ammazzato. Avevano pensato di buttarlo là dentro, nella fossa di Roccabusambra, perché cosí scomparisse ogni traccia, i corvi non potevano sentirne la puzza e volarci sopra, perché era troppo fonda. E avevano pensato di non ucciderlo in paese, per non fare

128

nascere una reazione forte. Cosí la cosa rimaneva in dubbio…

Se i contadini che seguivano Placido avessero preso una pietra di cento grammi l'uno, li avrebbero annientati questi quattro mafiosi, ma non l'hanno fatto. Quando l'ammazzarono scomparvero tutti … Muoiono i bambini e se uno si muove per cambiare le cose, ammazzano lui pure. Come dobbiamo fare? Se una parte del corpo è malato, è tutto l'organismo che va curato, è il sangue sano che circola che guarisce il male. Non si può pretendere che proprio la parte malata si guarisca da sola. Mi pare. Non so.

Il paradiso per me sarebbe poter arrivare a vivere senza mentire sempre. Tu pensi che sono pessimista? Lo sai come sono andate le cose? Il pomeriggio Placido aveva lavorato e passeggiato un poco. Verso le nove è venuto il tizio che sai. Questo cerca di attaccare discorso, per cinque minuti noi non ci si dava conto, non ci persuadeva. Lui continuava a scherzare. Dovevamo fare spesa. Chiediamo permesso. Viene anche lui. Poi si va verso casa. Offre la sua compagnia. Non si può rifiutarla. Arrivato a casa io entro, mai pensando cosa poteva succedere: c'è gente intorno da tutte le parti. Loro scendono verso la piazza. Da lí vengono seguiti da due uomini che erano in un caffè. Questi gli puntano le rivoltelle dietro la schiena. Lui si ferma e chiede cosa volevano. Sono in piena piazza del mercato. È marzo, le giornate sono già lunghe. Non aveva piovuto, c'era gente in giro. La gente intorno sparisce dalla piazza. La piazza si fa deserta. Qualche uscio si chiude. Lui non può che accettare l'invito, forse gli dicono che si tratta solo di un ragionamento. Per la strada c'è gente che li vede, decine di persone. Dove è la polizia? Punto interrogativo. Nessuno vuole accorgersi di niente. Arrivati all'altezza dei gradini che dal Corso Bentivegna immettono nella via Santo Rocco, ci sono altre due persone nascoste a aspettarlo. Immediatamente lui capisce, cerca di scappare salendo la gradinata a destra. Arrivato in cima altre due persone gli buttano delle coperte in testa, lo afferrano, lo pestano come l'uva, lo convogliano, lo buttano in una macchina che era a venti metri di distanza, e via. Lui grida, strilla. Nessuno lo vuole sentire.

E vuoi che sia giusto che uno si faccia ammazzare per della gente se questa non vuol vedere e non vuol sentire?

Il motivo del mio enorme dolore è questo: il rimedio c'era.
Perché non sono corsi? Perché l'hanno lasciato ammazzare?

Danilo Dolci, *Racconti siciliani* (Turin, Einaudi, 1960)

11.3 Until recently, the world of the mafia was totally male. However, some women have begun to emerge in mafia ranks, others have been victims of mafia violence and, as this passages illustrates, women have started to play a prominent role in the antimafia.

Nella lotta alla mafia, nella difficile testimonianza di un fenomeno che prospera proprio per la sua invisibilità – dove il testimone non osa, e nessuno mai testimonia per il testimone – le donne rivestono un ruolo di primo piano. Il loro dolore è diventato un fattore materiale di cambiamento nel conflitto tra ordinamento democratico legale e questa forza sovversiva e insieme invasiva, totalitaria e illegale che fa fortemente leva sulle emozioni, i sentimenti e i rapporti intimi (oltre che, ovviamente, sull'economia e la politica.) L'esperienza soggettiva della perdita, del lutto, del dolore è diventata, nell'Italia di questi anni bui, lo stimolo per una forte rivendicazione etica e politica. Le emozioni si sono rivelate una preziosa risorsa pubblica e le donne rivestono un ruolo particolare in queste forme di protesta.

Contro la mafia si sono levate voci di donne 'del popolo', per lo più provenienti da ambienti mafiosi o, quantomeno, collusi con la mafia. E contro la mafia si sono impegnate donne di ambienti sociali del tutto estranei alla mafia, come le vedove, le sorelle e le madri di uomini assassinati per il loro impegno antimafia. Al di là delle singole storie, al di là della loro ovvia diversità di classe, di status, di età, di biografia insomma, tutte sono *uguali* – a mio modo di vedere – per quanto riguarda il coraggio, l'impegno civile, il dolore. Solo a partire dal riconoscimento di ciò che le unisce sia sensato riflettere su ciò che le separa.

So bene di toccare, qui, un nodo controverso e conflittuale, mai risolto una volta per tutte all'interno delle stesse associazioni di donne contro la mafia. Racconta Maria Benigno, alla quale la mafia ha ucciso un fratello e il marito, e che, da sola, mettendosi

contro parenti, amici e vicini, ha denunciato i killer del potente clan
dei Marchese di Corso dei Mille a Palermo:

Quando, per la prima volta, mi sono rivolta a queste donne per chiedere
aiuto, mi sono imbattuta nella vedova di un giudice. Anche suo marito era
stato ucciso dalla mafia, e lei era piena di odio. Sospettava che noi fossimo
conniventi con la mafia, perché abbiamo abitato per lungo tempo in Corso
dei Mille, una zona malfamata. In più mio fratello era stato condannato
per questo scontro a fuoco. 'Se uno spara,' diceva lei, 'non può essere un
uomo onesto.' Quando in seguito ho conosciuto Giovanna Terranova, il
rapporto è cambiato.

E Giovanna – vedova del giudice Cesare Terranova assassinato
nel 1979 – presidente e socia fondatrice dell'*Associazione donne
siciliane per la lotta contro la mafia*, conferma: 'Era un processo
difficile, finché il gruppo si è aperto anche per queste donne. Molte
avevano paura di collaborare con loro, avevano pregiudiziali.
Hanno tuttavia riconosciuto che anche queste donne sono vittime
della mafia'.

Le donne di ambienti mafiosi o communque vicine per appartenenza a un territorio controllato dalla mafia – subordinate, sfruttate o complici che siano – appaiono tuttavia particolarmente
flessibili nelle situazioni di mutamento o di conflitto. Al corrente
di molti segreti senza esserne ufficialmente depositarie, tendono a
obbedire, in caso di conflitti forti, ai propri sentimenti. Infatti,
secondo i mafiosi, non sono 'affidabili'. Inoltre, forse perché
estranee alle logiche organizzative e invece vincolate da sentimenti e affetti, le donne tendono ad andare fino in fondo nelle loro
richieste di giustizia. Oltretutto, quasi sempre, questa richiesta
viene formulata in seguito a un lutto: il carattere assoluto della loro
domanda di giustizia deriva dal trauma assoluto inflitto loro dalla
morte.

Serafina Battaglia, quando approda alla giustizia, non ha 'più
niente da perdere'. Nel 1960 la mafia le uccide il convivente e poco
dopo il figlio, intenzionato a vendicare la morte del padre. Per
vent'anni, in numerosi processi con esiti contraddittori (conclusisi
nel 1979 con l'assoluzione degli imputati) Serafina non abbandona
la sua domanda di giustizia che intimamente – e comprensibil-
mente – si mescola con un forte sentimento di odio e di vendetta

I mafiosi sono pupi e fanno gli spavaldi solo con chi ha paura di loro ...
Mio marito era un mafioso e nel suo negozio si radunavano spesso i
mafiosi di Alcamo e di Baucina. Parlavano, discutevano, e io perciò li
conoscevo ad uno ad uno. So quello che valgono, quanto pesano, che cosa
hanno fatto. Mio marito poi mi confidava tutto. Se le donne dei morti
ammazzati si decidessero a parlare così come faccio io, non per odio o per
vendetta, ma per sete di giustizia, la mafia, in Sicilia, non esisterebbe più
da un pezzo.

La scelta di disobbedire alle leggi non scritte della mafia, di
rompere il cupo cerchio dell'omertà, tuttavia, costa molto cara.
Innanzitutto si rischia la propria vita e, peggio, quella dei propri
cari. Tutte le donne che hanno fatto esperienza di questa rottura si
sono trovate sole, scansate dai vicini di casa e dagli abitanti del
quartiere e, nella maggior parte dei casi, ripudiate dai propri
familiari, genitori, fratelli, sorelle, zii. Chi di loro aveva prima
un'attività commerciale, un bar, un negozietto, una macelleria, si è
trovata come per incanto senza più clienti. Sole, ricattate e povere,
queste donne, con la decisione di rivelare ciò che sanno, scelgono
di cambiare radicalmente mondo: punti di riferimento, relazioni,
luoghi fisici, lavoro. Ciò che si perde è più che evidente, ciò che si
guadagna è totalmente ignoto. Solo una salda integrità interiore,
emozioni e sentimenti forti possono indurre a una tale scelta.
    Abbandonare il proprio ambiente per affidarsi allo Stato e ai
valori della società civile spesso, purtroppo, ha riservato amare
esperienze: giudici increduli o corotti, istituzioni colluse col potere
mafioso, scarsi aiuti per le spese processuali hanno ulteriormente
pesato sulla solitudine di donne come Michela Buscemi, Pietra Lo
Verso, Felicia Bartolotta Impastato, Vita Rugnetta o Maria Benigno,
per nominarne soltanto alcune. Costituitesi parte civile con mille
difficoltà, non hanno poi trovato quella solidarietà e quel sostegno
materiale e morale che il loro gesto avrebbe dovuto suscitare. Fu
clamoroso il caso di due di loro, Michela Buscemi e Vita Rugnetta,
uniche parti civili al di fuori dell'ambiente dei 'servitori dello
Stato' nel maxi-processo e poi, successivamente, escluse dai bene-
fici di un fondo raccolto per finanziare le spese processuali delle
parti civili. Motivo: i fondi sarebbero stati destinati soltanto ai
parenti delle persone cadute in servizio, come poliziotti o magistrati.

Eppure queste donne non si sono rassegnate. Un senso forte di ribellione, una domanda di giustizia emotivamente caricata e, soprattutto, fedeltà alla memoria degli uomini assassinati, mariti, fratelli o figli che fossero, hanno dato loro coraggio. Racconto Felicia Bartolotta Impastato, moglie di mafioso ma anche madre di Peppino Impastato:[7] 'Tutti via li ho cacciati. Forse se volevo vendetta me l'avrebbe offerta. Ma io volevo la verità per Peppino come l'aveva voluta Peppino. E la verità era contro di loro. E l'ho gridata: la mafia ha ammazzato mio figlio. E continuerò gridarla a tutti finché campo.[8] Chi viene a parlarmi di mio figlio mi onora...'

Ciò che unisce donne di estrazione sociale, di storie di vita e di culture così diverse come donne di ambienti storicamente antimafiosi e donne di ambienti collusi con la mafia, è l'amore per la memoria, il bisogno, la necessità di memoria ... Dice la vedova del giudice Terranova in un'intervista: 'Se fossi rimasta a casa mi sarei sentita colpevole. Avrei pensato: Cesare è morto per niente. Perchè essere uccisi è tremendo, ma lo è di più essere dimenticati. È come morire due volte.' E la vedova del medico Giaccone, ucciso dalla mafia perché si era rifiutato di falsificare una perizia: 'Ora il policlinico porta il nome di mio marito. Anche questo è un modo per rendere giustizia. Finché qualcuno passerà davanti a quella targa e si chiederà chi era Paolo Giaccone, lui vivrà'...

Renate Siebert, *Mafia e quotidianità* (Milan, Il saggiatore, 1996)

Notes

1 Named after the Communist politician Pio La Torre, assassinated by the mafia in Palermo in 1982.
2 The fact of membership of the mafia, as distinct from crimes committed as a consequence of membership, was made a criminal offence only with the La Torre law. Some judges disputed whether it conformed to the legal defintion of 'associazione per delinquere', which is approximately equivalent to 'conspiracy' in English Law.
3 The two branches of the magistracy; members of the *giudicante* are judges, while members of the *inquirente* are the law officers charged with conducting criminal investigations and leading the case for the prosecution.
4 A leader in the movement for land reform, and one of the guiding spirits in the *Fasci siciliani,* he was murdered by the mafia in 1915.
5 Once the *gabelloto* was removed, production would be increased and the capital thus

released could be used as to increase employment.
6 The autonomous Sicilian Regional Assembly.
7 Giuseppe (Peppino) Impastato (1948-78) rebelled against the mafia affiliations of his
   father, but became a victim of a mafia murder squad.
8 As long as I live.

12 Future prospects

Various factors, including the move of the mafia into legitimate business and financial activities, the killing of such prominent opponents as Falcone and Borsellino, the arrest of mafia bosses like Totò Riina, the ousting of a mafia old guard, the willingness of increasing numbers of mafiosi to collaborate and the rise to power of new political forces in Sicily and Italy, have made the future direction of the mafia more uncertain than ever before. There is no consensus over the analysis of the current situation, nor over the measures to be adopted.

12.1

Non è facile prevedere le tendenze del futuro sviluppo di questi fenomeni criminali. Si riconoscono, da un lato, una serie di tentativi di stringere alleanze e addirittura strutture federative, sia a livello nazionale che internazionale, allo scopo di poter condurre con più agio affari di considerevole dimensione finanziaria. D'altro canto, si è anche osservato – forse anche a causa degli aspetti arcaici dell'organizzazione e dei cosiddetti valori delle strutture criminali di base – che questi tentativi spesso sono falliti, con la conseguenza che si sono riformate strutture organizzative separate e fortemente delimitate tra di loro. Si deve sottolineare il fatto che un impegno più incisivo delle forze di polizia nella lotta alla criminalità e il graduale scomparire della disponibilità della popolazione a tollerare tali fenomeni – come in parte già si può vedere – possono dare un importante contributo all'indebolimento del potenziale di cui queste organizzazioni dispongono. Mi sembra tuttavia certo che la via decisiva che deve essere intrapresa consista nella distruzione del potere finanziario della criminalità organizzata, il che presuppone a sua volta una collaborazione internazionale energica ed efficace. Gli strumenti già a disposizione per la lotta diretta alle imprese della criminalità organizzata sono necessari e devono essere affinati e moltiplicati. Ma al di là delle singole misure di tipo tradizionale vi è l'esigenza di promuovere e coordinare gli sforzi che tendono a identificare e confiscare i beni di provenienza illecita. Persiste dunque la necessità di un corrispondente adeguamento della legislazione internazionale e della realizzazione di una costante ed efficace collaborazione internazionale. Ciò significa soprattutto l'abolizione dei cosiddetti paradisi fiscali, che fino ad oggi hanno reso vani i tentativi, anche i più decisi, di alcuni paesi per identificare i flussi di denaro provenienti da attività illecite. Questa è una lotta in cui si devono sentire impegnati tutti i componenti della comunità internazionale, perché dall'esito di questa lotta dipende se la criminalità organizzata potrà essere distrutta o almeno ridimensionata entro limiti in cui non rappresenti più una seria minaccia per la società.

Giovanni Falcone, *Interventi e proposte* (Milan Sansoni, 1994)

12.2

È impossibile predire la futura evoluzione della mafia in Italia. Non esistono dinamiche interne ineluttabili. Giovanni Falcone era convinto che la mafia stesse evolvendo verso una struttura centralizzata: tanto la commissione quanto i mandamenti, e persino le famiglie sarebbero in via di smobilitazione sotto la pressione dei Corleonesi. Questa sarebbe la principale conseguenza delle sanguinose guerre intestine e del crescente numero di mafiosi pentiti (e, non fosse stato per l'abituale modestia, Falcone avrebbe potuto aggiungere tra le cause la forte campagna repressiva iniziata nella seconda metà degli anni '70, e di cui lui stesso fu il principale protagonista). La centralizzazione mirerebbe al tempo stesso ad aumentare l'impermeabilità dell'organizzazione e a consentire ai membri di concentrarsi sui grandi affari illeciti, piuttosto che sulle transazioni locali. Non vi sono ancora prove decisive di questa evoluzione, ma d'altra parte non vi è nessuna legge economica per cui la mafia debba restare frammentata per sempre.

Se un processo di centralizzazione fosse effettivamente in atto, esso potrebbe essere un segno di debolezza, una ritirata. In contrasto con l'opinione corrente che vede la mafia sempre piú potente, vi sono segni che oggi i mafiosi stiano incontrando serie difficoltà. Nel corso degli anni '80 la situazione a Palermo è divenuta piú incerta. Nel 1986-87 la polizia ha ricevuto un numero senza precedenti di denunce da parte di negozianti sottoposti alla pressione delle richieste del 'pizzo': sessantasei tra l'ottobre dell'86 e l'aprile dell'87, provenienti principalmente dal centro della città e concernenti soprattutto ristoranti, autosaloni, hotel, discoteche, agenzie di viaggio e ogni immaginabile genere di attività commerciale. La polizia non riusciva a capire come mai negozianti tradizionalmente riluttanti si presentassero spontaneamente: il fatto è che ora, dopo anni in cui avevano pagato regolarmente la protezione, le richieste cominciavano ad arrivare da fonti sconosciute ed erano troppo esose per essere credibili: da un minimo di trenta milioni fino a mezzo miliardo.

Una linea telefonica speciale, attivata dalla Confesercenti[1] nel 1990, ha mostrato che il problema persiste: molti di coloro che chiamano protestano contro i 'cani sciolti'[2] che li minacciano senza curarsi della protezione delle famiglie mafiose, le quali – affermano – non dànno piú garanzie. Le cronache riferiscono che anche gli industriali stanno fuggendo dalla Sicilia, compresi i 'grandi imprenditori come i Costanzo, i Rendo e i Cassina', che in passato avevano trovato un *modus vivendi* con i mafiosi. La stampa descrive questa situazione come prova del fatto che la mafia sta diventando piú forte e avida che mai. È un errore. Non c'è nulla di piú dannoso per il commercio di protezione che il clamore e i contrasti che attirano l'attenzione della polizia e dei mass-media. L'intensità raggiunta dalle estorsioni può invece dimostrare indirettamente che Falcone era nel giusto, e che mentre la mafia – quella autentica – si sta ritraendo, gruppi di dilettanti si stanno facendo avanti provocando confusione. Inoltre, le conseguenze dell'assenza di molti mafiosi – in galera, latitanti o defunti – è stata sottovalutata da quasi tutti gli osservatori, i quali non sembrano rendersi conto che la reputazione in questo campo non si può improvvisare e che quindi i capimafia non si possono rimpiazzare dall'oggi al domani. La centralizzazione, pertanto, piú che una scelta può essere semplicemente un inevitabile rinserrarsi dei ranghi.

Questo stato di cose potrebbe spiegare un'apparente contraddizione. Gli ultimi dati presentati dal capo della polizia e dal comandante dell'Arma dei carabinieri alla Commissione parlamentare, sembrano contraddire le parole di Falcone. Mentre nel 1987 i carabinieri hanno identificato 105 famiglie mafiose in Sicilia, nell'ultimo rapporto ne censiscono ben 186. Questo farebbe pensare a un processo opposto alla centralizzazione, vale a dire di frammentazione. Lo scarto tra la prima e la secondo cifra è però troppo rilevante per pensare che il nuovo conteggio comprenda soltanto le famiglie appartenenti alla mafia 'genuina'. Non ho potuto vedere questo rapporto, ma è molto probabile che includa anche diversi gruppi di protezione improvvisati e 'non riconosciuti'. La frammentazione potrebbe essere quindi un aspetto secondario dello stesso processo di centralizzazione: mentre la mafia abbandona i suoi spazi tradizionali, questi divengono terreno di scontro per nuovi concorrenti desiderosi di accaparrarseli.

La centralizzazione renderebbe la mafia piú impenetrabile e quindi in un certo senso piú forte, ma al tempo stesso piú fragile: colpirla diverrebbe piú arduo, ma sarebbero necessari meno colpi per distruggerla. Inoltre, qualora il ritrarsi della mafia dagli affari locali proseguisse, e il consenso di cui ha goduto da parte della popolazione si affievolisse per il semplice affievolirsi dei contatti, essa perderebbe un componente del suo potere che nessun aumento di forza puramente 'militare' potrebbe compensare. I segni di disagio provenienti dalla Chiesa cattolica, che potrebbe infine decidere di ritirare ai mafiosi il permesso di utilizzare certi elementi religiosi come veicolo di propaganda, sono un presagio incoraggiante; forse il primo concreto segnale che siamo in una fase di declino.

Ma il declino non è un processo né spontaneo né ineluttabile. Solo la piú ferma determinazione da parte delle autorità dello Stato può far sí che esso si tramuti in una disfatta.

Diego Gambetta, *La mafia siciliana* (Turin, Einaudi, 1992)

Notes

1 Union of shopkeepers.
2 Mavericks.

Glossary of mafia terms

barone	baron; (loosely) landlord
boss	mafia leader
capocosca	synonym of above
camorra	organised crime syndicate operating in Naples and Campania
campiere	field guard; armed supervisor of farm work
clan	routinely used in sense of mafia gang
combinato	initiated into mafia
commissione	committee of mafia bosses; supreme council of mafia
Cosa Nostra	originally American term for mafia, now used in Sicily
cosca	Sicilian dialect word, literally meaning artichoke, but with acquired meaning of mafia family; i.e the members cling together like the leaves of an artichoke
cupola	synonym of *commissione*
don	title of honour given to mafia boss
famiglia	synonym of *cosca*
gabella	rent
gabelloto	person who rents estate from landowner, and sublets portions of it to peasant farmers
gregario	rank and file member of mafia
guardia campestre	field guard
infame	infamous, treacherous; supreme term of abuse in mafia circles
latifondo	landed estate containing several farms and villages
lupara	sawn-off shotgun, once used in wolf hunting: now generic term for mafia weapons
lupara bianca	disappearance of mafia victim
'ndrangheta	organised crime syndicate operating in Calabria
omertà	code of silence, and noncooperation with the authorities
padrino	godfather; mafia boss who acts as 'fixer'
pentito	repentant; used of ex-mafiosi who turn state's evidence and assist the authorities
pezzo da novanta	a big shot, mafia leader
picciotto	literally, a young man, but now used to designate a rank-and-file member of the mafia
pizzo	protection money
posato	expelled from the mafia
sbirro	policeman (term of contempt)
soldato	lowest grade of mafia
soprastante	administrator of estate
zio, zi', zu	literally 'uncle' but used as term of respect for mafia godfather; synonym of *don*

Vocabulary

It should be noted that the list of words is not exhaustive and single meanings are usually given. This is due to constraints of space. The aim has been to include those words that are crucial in understanding a particular passage. In short, this vocabulary is not a substitute for a dictionary.

abbagliante   shining, glaring
abbarbagliato   dazzled
abbigliamento, capo di   item of clothing
abigeato   cattle rustling
abitato (n)   inhabited area
abusivo   illegal
accanito   fierce, tenacious
accantonare   to set side
accaparrarsi   to secure, to seize
accattivarsi   to captivate
accavallare   to cross, to mount
accedere   to be admitted to, to accede
accennare   to hint
accentramento   centring
accertamento   check, inquiry
accertare   to ascertain
acchiappare   to grab
accingersi a   to prepare
accoglimento   welcome
accollarsi   to assume (a reponsibility)
accomodamento   settlement
accomunare   bring together
accondiscenza   affability, agreeableness
accordare   to grant
accortezza   shrewdness
accorto   shrewd
accumulazione   accumulation
aceto   vinegar
acquedotto   aqueduct
acquirente   purchaser
acuirsi   sharpen
addensare   to thicken
addentrarsi   to get into, to probe
addestrare   to train
addirsi   to suit, to be becoming
additare   to point to

adeguamento   adjustment
adeguarsi   to adapt to
adepto   follower
aderente   member
aderenza   adherence, membership
aderire   to join
adibire   to use
adocchiare   to stare
adunanza   meeting
affacciarsi   to appear
affare (m)   matter; piece of business; bargain
affari (m pl)   business
affarismo   business intrigues
afferrare   seize
affettare   to slice; to affect
affetto   affection
affiancare   to side with
affibbiare   to saddle with
affidabile   reliable
affidare   to entrust
affievolirsi   to weaken
affinato   sharp
affitto   rent
affittuario   tenant
affumicato   smoked
agevolare   facilitate
agevolazione   assistance
aggirare   to go round
aggiungere   to add
aggredire   to attack
aggregato   associate
agguato   ambush
agguerito   belligerent
agiato   comfortable, well-off
agio   ease
agire   to act

ago needle
agrume (m) citrus fruit
agrumeto orchard
aguzzo sharp
ala wing
alato winged
aleggiare to hover
alimentare to feed
allearsi to ally
alleato ally
allegare to enclose; to put forward
allevare to breed, rear
alterigia arrogance
altezza: essere all'altezza di to be up to
altrui other people's
amaro bitter
ambiente environment
ambire aspire to
ambito (n) context; stretch (of land)
ameno pleasing
ammalarsi to take sick
ammodernamento modernisation
ammonimento warning
anagrafe (f) registry
analfabeta illiterate
ancorchè even if
angherioso vexatious
annientare annihilate
annoverare to number
antistante facing
anziano elderly, older
appaltare to put out to contract
appalto contract, tender
apparato apparatus
apparecchio mechanism
appartenenza belonging, membership
appendere (p p appeso) to hang
appiattimento levelling, flattening
appoggiare to support
appoggio support
appositamente deliberately
appostare to lie in wait for; to position
apprendistato apprenticeship
apprezzare to appreciate
approdare to lead (to something)
appuntare to note down; to point to
appunto precisely
appunto (n) note
archiviare to shelve, to dismiss

arciprete senior priest
ardire to dare
arduo arduous
argomento topic
arma (pl armi) weapon
arrecare to cause, bring
arredato furnished
arrendersi to surrender
arretrato backwards
arruolamento enlistment
artefice craftsman
artificiere devisor; bomb-disposal expert
aspro bitter
asse (m) axis
assecondare to assist
assegnare to assign
assegno cheque
assessore (senior) councillor
assetto arrangement, set-up
assicurare ensure
assise, la corte d' high court
assoggettamento subjugation
assoluzione acquittal
assolvere, (p p assolto) to acquit; to fulfil
assumere to take on, to employ
assunzione (f) taking on (for employ-ment)
asta auction sale
astenersi to refrain from
attaccamento attachment
atteggiarsi to take a stance
attenersi to adhere to
attentato attempt (on someone's life)
attenuante (f) extenuating circumstance
attestato attestation
attinente a relating to
attirare to attract
atti (m pl) proceedings (of conference)
atto, in underway
atto, prendere to take account of
attrezzato equipped
attuale present
attuare to carry out
auge essere in to be in vogue
auguri (m pl) good wishes
aureola halo
autista chauffeur

autogoverno   self-government
automezzo   vehicle
autosalone   car salesroom
autovettura   car
avanti, farsi   to push oneself forward
averi (m pl)   possessions
avido   greedy
avorio   ivory
avvalersi di   to make use of
avventarsi   to throw onself on
avvertimento   warning
avvertire   inform
avviarsi   to set off
avvilito   humiliated; downhearted
avviso   notice
avvocato   lawyer
azienda   firm
aziendale (adj)   relating to a firm
azione (f)   company share
azzannare   to maul
azzardare   to venture

baffetti (pl)   moustache
baldanza   swagger, self-assurance
baldo   bold
baluardo   bulwark
bancario (adj)   banking
bancario (n)   bank clerk
bancarotta   bankrupt
banchiere (m)   banker
banda   gang
bara   coffin
baracca   hut, hovel
baratteria   fraud, corruption
barcamenarsi   to get by, to pick one's
   way
base (f)   basis; grass roots
battere   to beat, to strike; to scour
battuta   remark
belva   wild animal
benessere (m)   wellbeing, prosperity
benestante   well-off
beni (m pl)   goods
benvoluto (p p)   loved
bestiame   livestock
bidonville (m)   shanty town
bilancio   budget; balance
birilli (m pl)   skittles
blindato   armoured

bonario   good natured
borghese   bourgeois, middle-class
boria   haughtiness
botta   blow
botta e risposta   cut and thrust (of
   argument)
bottino   booty
botto   thud
braccare   to hunt
bracciante (m)   labourer
brace (f)   embers
bretelle (f pl)   braces
brillante (n m)   diamond
broglio   intrigue
brulicante   swarming
burattinaio   puppeteer
busta   envelope
bustarella   bribe

caciocavallo   (kind of) cheese
calcestruzzo   concete
calderone   cauldron
cambiale (f)   bill (of exchange)
cambista   money changer
campagna   countryside; campaign
campano (adj)   of Campania
cancelleria   court office
cancelliere (m)   clerk of court
canna   barrel (of a gun)
cannocchiale (m)   binoculars
canone (m)   rule, standard
cantiere edile (m)   building site
capanna   hut
capeggiare   to head
capillare   detailed, minute
capitale (n f)   capital (of country)
capitale (n m)   capital (financial)
capo: fare capo a   to be headed by
capoluogo   centre of local goverment
   area
cappuccino   capuchin friar
capraio   goatsherd
carente   lacking
carica   position, office
caricare   to load
carico   loaded
carriera   career
cartella   briefcase
cartello   sign

caserma barracks; police station
cavalcare to ride
cavaliere knight
cavare pull out, draw out
cavarsela get away with it
cavarsi to satisfy; to take off
cazzotto punch
cenno signal, sign
censire take a census
censo estate, wealth; income
ceppo fetter; family head; lineage
cerchia (n f) ring, circle (of walls, mountains)
cerchio circle
cervellotico cerebral
cesura split
ceto class
ché because
chiacchierato subject of gossip
chicchera cup
chicchessia anyone at all
chimico chemist
circondare to surround
circoscrizione district; constituency
clientela clientele; customer
clientelare (adj) nepotistic
clientelismo nepotism
coadiuvare cooperate
coercitivo coercive
coevo contemporary
cognizione knowledge
collarino clerical collar
collegio (elettorale) constituency
colletto collar
collocare to place
collusione complicity
colluso (adj) in collusion with
colmo: al colmo di at the height of
colonia colony; eau de cologne
colpo blow
colto cultured
combinare to conclude
combinazione coincidence
comizio political meeting
commerciante trader
compare godfather, friend
compiacente obliging
compiere achieve
compimento completion

compito task
complessivamente on the whole
complessivo overall
complice accomplice
comporre to constitute, to make up, to settle
comportamento behaviour
comportare to entail; to call for
comportarsi to behave
composto (di) consisting (of)
comprendere to understand; to comprise
compromesso compromise
compromissione pact, understanding
comunale municipal
comune (n m) town; town council
conca valley, basin
concessionaria dealership
concime (m) fertiliser
concorrente rival
concorrenza competition
concorso competitive examination
condotta conduct
conferma confirmation
configurare to make up
configurarsi take shape
confine (m) border
confino internal exile
confluenza coming together
confrontare compare
confronti: nei confronti di compared with
confronto comparison
congegno mechanism
congiuntura juncture
connivente (adj) in connivance with
connivenza connivance
consegna delivery
consegue (imp verb) the result is
conseguire to attain
consigliere adviser
consigliere comunale local councillor
consiglio piece of advice
consociarsi enter partnership
consociato partner
consorteria cabal
consueto, di normally
constatazione statement
consuetudine (f) custom

contesto   context
contanti (m pl)   cash
conteggio   calculation
contendersi   to compete
contesa   dispute
contorno   outline
contorto   twisted
contrabbando   smuggling
contrada   village, district
contrapporre   to juxtapose
contrassegnare   to mark
contrastare   to resist, to oppose
contrasto   contrast; dispute, conflict
contrattare   to deal, to haggle
controllare   to check
convenire   to agree upon
convenzione   agreement
conviene (imp verb)   it is better to, is suitable
convivenza   cohabitation
convoglio   convoy
coperta   blanket
corrente (adj)   current
corrente (n f)   (party) faction
corsa   race
costituirsi   to give oneself up
cottimo, lavoro a   piecework
covo   den
crepare   to die
crescente   increasing
cresimare   to confirm   (religious)
crollare   to collapse
cronaca   news report
cronista   reporter
culla   cradle
curarsi di   to take care of

danneggiare   to damage
dati (m pl)   data, facts
debellare   to fight
decennio   decade
decorrenza   expiry
defilarsi   move off
definitorio   defining
degenza   hospitalisation
delinquente   criminal
delitto   crime
delittuoso (adj)   criminal
delusione (f)   disappointment

deriva, alla   drifting
deroga   derogation, exception (legal)
destare   arouse
destituire   dismiss
destreggiamento   manoeuvre
dettare   to dictate, to lay down (the law)
dibattimento   hearing (legal)
diffidente   distrustful
diffuso   widespread
diga   dam
dilaniarsi   to tear onself apart
diluirsi   to be diluted
dimestichezza   familiarity
dimissione (f)   resignation
dimora   residence
dipendente   employee
diplomato   with a diploma
diretto   directed, direct
diretto a   heading for
dirigente   executive
dirittezza   uprightness
diritto   right; law
dirottare   hijack
disagio   unease
disegno   design, plan
disfatta   defeat
disgraziato   wretched
disinnescare   defuse
dismisura, a   out of proportion
disponibilità   availability
disporre di   dispose of, make use of
disposizione   disposition, willingness
disprezzo   contempt
distacco   detachment
distintivo   badge
ditta   company, firm
divieto   ban
docente   professor
domanda   (economic) demand
donde   for which reason
dotarsi di   to equip onself with
dotato   gifted, talented
dotato di   endowed, equipped with
dotazione   talent; equipment
dote (f)   dowry; gift; talent
dovere (n m)   duty
drenare   to drain
duraturo   long lasting

eclissarsi to make oneself scarce
edile (adj) building
edilizia building industry
efferato savage
effettuare to bring about
egemonia hegemony, leadership
egida: sotto l'egida di under aegis of
elencare to list
elenco list
elettrodomestico electrical good
endovenosa introvenous
ente board
entità size, amount
entroterra hinterland
erogare to supply, to distribute
eroina heroine; heroin
esaltato overexcited
esattoria tax office
esauriente exhaustive
eseguire carry out
esentare exempt
esenzione exemption
esercente trader, shopkeeper
esercizio exercise; business concern
esigenza requirement
esiguo tiny
esito outcome
esonerare exonerate
esoso exorbitant
esplicare perform
estensore (m) compiler
estradare to extradite
etichettare to label
ettaro hectare
eventuale possible

fabbricabile with building permission
facinoroso (n) thug
facoltoso well-off
falciato cut down, killed
fallire to fail; to go bankrupt
fantascienza science fiction
faro headlight
fascicolo file
fascino charm
fascio bundle
fase (f) phase
fasto pomp
fattore (m) factor

fatturato turnover
favola fable
feretro coffin
feribile able to be wounded
ferimento wound
ferire to wound
ferreo (adj) iron
fesseria nonsense (vulg)
fesso fool (vulg)
fetore stench
fetta slice
feudo estate
fiancheggiamento back-up
fiancheggiatore supporter
ficcanaso busybody
fidarsi to trust
fiera fair
finalità end, objective
finalizzato a aimed at
finanza finance; customs office
finimondo pandemonium
finto fake
fiscale fiscal
fitto dense
fittizio fictitional
fiutare scent, sniff
flusso flux
fondamento (pl le fondamenta) basis
fondare found
fondo (adj) deep
fondo (n) fund; estate
forgiare to forge
fornitore supplier
forza lavoro work force
forzatura straining
frenare to break
fruscio rustle
fucile (m) rifle
fungere da to act as
fuori, fare to eliminate, to kill
fuorilegge (m)
fuorviante misleading
furbo clever; sly
furetto ferret
furto theft

gabella rent
gabelloto renter (dialect)
gabellotto renter

galantuomo   gentleman
galera   jail
gara   competition
generico   generic, imprecise
genesi (f)   beginning
gerarchia   hierarchy
gerarchico   hierarchical
gergo   jargon; slang
germogliare   to sprout
gestione (f)   management
gestire   to manage
gettito   yield
ghiottone (m)   glutton
giada   jade
giallo (n)   detective story
giocatore   gambler
gioco   gambling
giocoforza, essere   to be unavoidable
giro   turn
gita   outing
giunta   city council
giuramento   oath
gocciolare   to drip
godere di   to enjoy
golpe (m)   coup d'état
gonfio   swollen
gotha   array (of public figures)
gradimento   pleasure
gradinata   stairs
gradino   step
grado   degree
grana   difficulty
gregario   member
grinta   determination, grit
grossolano   coarse, crude
guaio   trouble
guardarsi   to beware, to keep from
   (doing)
guardaspalle (n m)   bodyguard
guarire   to heal

idoneo   suitable
ignoto   unknown
imbastardimento   debasing
imbattersi in   to bump into, to come
   across
imbelle   feeble
imboccare   to turn into (a street)
imboscata   ambush

imbottire   to stuff
imbrattare   to soil, to stain
imbrogliare   to cheat
immettere   to admit, to introduce
immischiarsi   to interfere
immobiliare (adj)   (relating to) housing,
   land or property
impagliato   stuffed
impegnativo   demanding
impegnato   committed
impegno   engagement, apointment
imperniato   hinged
impianto   installation, industrial plant
impiegato   clerk
impietosirsi di   to feel sorry for
imporsi   to assert oneself
imposta (n)   tax
imprendere   to undertake
imprenditore (n)   entrepreneur
imprenditoriale   entrepreneurial
impresa   undertaking, business
impunito   unpunished
imputato   accused
inadempienza   non-fulfilment
inappellabile   without appeal
inaudito   unheard of
incanalare   channel
incaricato   responsible for, charged
   with
incarico   task
incartamento   dossier
incassare   to cash
incastrare   to trap
incensurato   blameless
inchiesta   enquiry
incidenza   impact
incolpare   to blame
incolumità   safety, security
incontrastato   undisputed
incorrere   to come up against
incrinare   to undermine
indagare   to investigate
indagine (f)   investigation
indirizzare   to address
indiziato   suspect
indole   temperament
indurre   to induce
ineluttabile   inevitable
inetto   inept

infame infamous, shameless, outrageous,
infangato muddy
infimo lowest
influire to influence
infondato unfounded
inframmettenza interference
infrangere to break
ingente enormous
ingentilito gentrified
ingiuria insult; (Sicilian) nickname
inglobare incorporate, envelop
ingozzare to swallow, to gulp
ingranaggio mechanism, apparatus
ingrosso, all' wholesale
inimicarsi to make an enemy of
innesco fuse
inquadrare to frame
inquinamento pollution
insediamento settlement
insegna: all'insegna di under the banner of
inserimento insertion
inserirsi to settle in
insieme (n m) complex
insofferenza intolerance
intaccare to damage
interazione interaction
intercettazione (telefonica) telephone tap
intercettazione (ambientale) electronic bug
intesa (n) understanding
intestato a in the name of
intrallazzare to plot
intrallazzo intrigue
intraprendenza initiative, enterprise
intraprendere to undertake
intrattenere to maintain
intrecciare to interweave
intreccio weaving together; plot
invaghirsi to grow fond of
investitura nomination
inviato envoy
inviso a disliked by
ippodromo race track
irruente vehement, impetuous
irruzione raid
iscriversi to enrol

isolano (adj) of the island, Sicilian
istruttoria preliminary judicial hearing

labile fragile, fleeting
lametta razor blade
lapalissiano self-evident
lascito legacy
latifondista landowner
latifondo agricultural estate
latitante fugitive
latitanza (n) hiding
laureato graduate
lavorio intense labour
leccare to lick
lecito lawful
lesione (f) damage
leva conscription
levare a remove from
levatura intelligence, spirit
lievitare to leaven
limitrofo neighbouring
locale notturno night club
lottizzare to divide up
lucro gain
lucroso profitable
lugubre cheerless
lunga, di gran by far
lungi dal far from
lungimirante far-sighted
luogo comune commonplace, cliché
lutto mourning

macchia stain
magazzino warehouse
magia magic
malandrinaggio criminality, thuggishness
malandrino thug
malavita criminal world
malcapitato unfortunate
malfamato notorious
malfattore (m) criminal
malvivente (m) criminal
mandamento city zone
mandante (m) instigator
mandato (di cattura) warrant
manette (f pl) handcuffs
manicomio mental hospital

manodopera work force
mansione (f) task, office
marca brand
marchio trademark
marcio rotten
massoneria freemasonry
mazzo bundle, pack
mercè thanks to
merce (f) goods, wares
mescolare mix
messe (f) harvest
mettere a repentaglio jeopardise
mettere al mondo to give birth to
mezzadria sharecropping
mirare to aim, focus
mitra (m abbrev) machine gun
mitragliatore/rice (adj) machine gun
mitragliatrice (n f) machine gun
mo': a mo' di in the style of
moda fashion
molatore grinder
moneta coin; currency
monetario (adj) currency
morbido soft
mostra exhibition
municipio town hall
mutamento change
mutare to change
mutevole changeable
mutuo (n) loan

negozietto little shop
neofita neophyte
nisseno of Caltanissetta
nocivo harmful
nonchè as well as
noncuranza indifference
norma norm, standard
normativo etablishing laws
notizia news

occultare to conceal
occupazione employment
odierno modern
offesa (n) offence
oltremodo considerably
oltretutto above all
omicidio murder
omonimo of same name

ondata wave
onorevole Member of Parliament
opacità obscurity
opporsi to be opposed
opportuno appropriate
opuscolo pamphlet
ordigno device
ordinamento regulation
organigramma chart
orientamento orientation
oriundo emigrant
ortofrutticolo (adj) fruit-and-vegetable
ossequio deference
osteggiare to oppose
ostentare to display
ostetrica midwife

pacca slap
pacifico peaceful
padrino godfather
padrone, padrona leader, boss
padroneggiare to be in charge
pago (adj) satisfied
palleggiare to toss
palpebra eyelid
palude (f) marsh
panciuto fat
paradiso fiscale tax haven
parata parade
paravento screen
parcellizzato parcelled out
parco (adj) spare, spartan
parroco parish priest
partita consignment
partitico (adj) party political
partito political party
pascolo pasture
passivo (n) loss
passo, di pari at the same pace
patrimonio inheritance
patteggiamento deal; plea-bargaining
patto pact
pattuglia patrol
pellame (m s) furs
pelle (f) skin; fur
percorrere to travel
percorso journey
perito expert

perizia   expert report
perlustrare   reconnoitre
pernacchia   raspberry (rude sound)
perseguimento   pursuit
perseguire   to pursue; to prosecute
pertinenza   relevance
pestare   to trample
piano, primo   of great importance; close-up
piatto (adj)   flat
picco   peak
pidocchio   louse
piegarsi   to bend; to give in
pingue   fat
piombare su   to fall on
plebeo   plebeian
poggiare   to rest on
ponderato   thought out
porgere   to offer
portafoglio   wallet
posto, essere a   to be all right
potere (n m)   power
prassi (f)   praxis, practice
precedenti penali (m pl)   previous convictions
preda   prey
predatorio   preying
predica   sermon
predicatore   preacher
prediletto   favourite
predire   to forecast
pregiudicato (n)   previously convicted criminal
pregiudiziale (f)   prejudicial attitude
prelevare   to collect
prepotente (adj)   overbearing, bullying
prepotenza   arrogance
presagio   omen
presente, fare   to report
presiedere   to preside
presidio   control
prestare attenzione   to pay attention
prestarsi   to lend oneself
prestazione   performance, service
prestito   loan
pretendere   to claim
pretesa   claim
pretura   magistrate's court

prevedere   to foresee
preventivo, carcere   pre-trial custody
previdenza   foresight
primeggiare   to get ahead
privo di   bereft of
procacciatore (m)   wheeler-dealer
processare   to put on trial
processo   trial
procura (della Repubblica)   prosecution
procuratore (m)   prosecutor
proiettile (m)   bullet
propaggine (f)   offshoot
proprietà   ownership
proprio, in   on one's own account
proscioglimento   release, acquittal
proteiforme   multiformed
prova   test
prova: a prova di   proof
provenienza   origin
proventi (m pl)   proceeds
provvedere   to supply
provvedimento   provision
pudicizia   modesty
pugile (m)   boxer
pugno   fist
pugno, di suo   in his own hand
pungere   to sting, to prick
punta   peak, tip
puntare   to point, to aim; to wager
puntare su   to count on
pupo   puppet
puttana   whore
puzzare   to stink

quadro   picture; framework
quartiere   zone
questore   chief police officer

racchiudere   enclose
raccogliere   to gather
raccolta   collection
raccolto   crop
radicarsi   to take root
raffica   burst (of shots)
raffinare   to refine
raffinatezza   refinement
rafforzare   to reinforce
raggiungimento   attainment
ragguardevole   distinguished

ramificato branching out
rampante rampant; rising
rango rank
rapimento kidnapping
rapina robbery
rapinatore robber
rapporto report; relationship
rappresaglia reprisal
ras leader
rasoio razor
razionamento rationing
razziare to raid, plunder
realizzare to achieve
reato crime
recare danno cause damage
recarsi to make one's way
recepire to assimilate
reclutare to recruit
reddito revenue, income
redditizio (adj) income bearing, profitable
reduce returning; person who comes back; war veteran
refrigerio coolness
reggere to rule; to hold sway
reggia palace
regio royal (archaic)
reità guilt (legal)
reiteratamente repeatedly
relazione relationship; report
rendimento performance, profitability
reo guilty
repentaglio, a at risk
reperire to trace, find
reperti (m pl) finds, remains
replica performance
requisire to requisition
requisizione requisition
respingere to ward off
rete (f) net, network
reticolo network
retrivo backwards
retta: dare retta a to pay heed
riassumere summarise
ribattere to answer back
ribrezzo disgust
ricattare to blackmail
ricatto blackmail
ricavare extract

ricerca research
ricercato (n) wanted man
ricettatore receiver of stolen goods
riconoscimento recognition
ricoprire to hold (an office)
ricoverato, essere to be admitted to hospital
riferire to report
rifondere to refund
rifugiarsi to take refuge
rigoglioso luxuriant
riguardare to concern, to regard
rilasciare to release; to issue
rilassarsi to relax
rilevante remarkable
rilevanza importance
rilievo importance
rimandare to postpone, to send back
rimettere to remit
rimpiazzare to replace
rimprovero reproach
rimuginare to brood
rinserrarsi to lock oneself up
rinvenire to discover
rinviare to postpone
rione (m) zone
riparo shelter
ripartizione sharing out
risarcire to pay compensation
riscatto ransom
rischiarare to light up
riscontrare to notice, to check, to compare
riscontro confirmation, comparison
riscossione collection, payment
risorsa resource
rispecchiare to mirror
rissa quarrel
ristagno stagnation
ristretto restricted
risulta (imp verb) it transpires that, it emerges
risvolto implication, outcome
ritenere to consider
ritirare to withdraw, retreat
ritirata retreat
ritorcersi to turn against
ritrarre to portray
ritrarsi to move back

ritrattare   to withdraw
rivendicare   to avenge; to lay claim to
rivendicazione   claim, vindication
rivestire   to hold (a post)
rivincita   revenge
rivolgersi   to turn to
roccaforte (f)   stronghold
rotolo   roll
rovesciamento   overturning
ruffiano   pimp
ruggente   roaring

sacerdotale (adj)   priestly
sacerdote (m)   priest
saggezza   wisdom
saggiare   to test
saldo (adj)   firm
salma   corpse; (Sicilian) unit of land-
   measurement
saltare, far   to blow up
salto   leap
salvaguardare   to safeguard
sancire   to sanction
santino   picture of a saint
sbaciucchiarsi   to kiss
sbarazzarsi di   to get rid of
sbarco   disembarcation, landing
sbilanciare   to unbalance
sbocco   outlet
sbrigativo   abrupt, straightforward
scadenza   expiry
scalfire   to undermine
scaltro   cunning
scansare   to avoid, to shun
scapito: a scapito di   to the detriment
   of
scappatoia   escape route
scaramuccia   clash, skirmish
scarto   gap, difference
scatenato   unrestrained
scaturire   to derive from
scavare   excavate
schiaffeggiare   to slap
schiena   back
schiera   rank
schioppetta   gun
schioppettata   gunshot
sciacquarsi   to rinse
sciogliere   to release, to undo, to dissolve

scioglimento   dissolution
scoglio   reef; stumbling block
scomporre   to break up
scontrarsi   to clash
scontro   clash, dispute
sconvolgimento   upset, disturbance
scopo   aim
scoppio   explosion; outbreak
scoraggiare   discourage
scorribanda   raid
scorta   escort
scottante   urgent
scovare   unearth
scuderia   stables
sede (f)   headquarters
sedicente   so-called
segare   to saw
seggio   seat (in Parliament)
sella   saddle
senno di poi   hindsight
sensato   sensible
sensibilità   sensitiveness
senza ciglio, non battere   not to bat an
   eyelid
sequestrare   to kidnap
sequestro di persona   kidnap
seta   silk
setta   sect
sfarzo   splendour
sferrare   to lash out at
sfida   challenge
sfiorare   to skim over; to brush against
sfoggio   display
sfondo   background
sfregio   scar; insult
sfrontatezza   effrontery
sfruttamento   exploitation
sfruttare   to exploit
sfuggire   to escape
sfuocato   ill-focused
sgargiante   gaudy
sgherro   scoundrel, hooligan
sgombrare   to clear away
sgomento   dismay
sgorgare   to gush out
sgozzare   to slit
sgretolato   crumbling
sgridare   to tell off; to scold
sicario   killer

151

siepe (f)   hedge
siffatto   such, this
sigillato   sealed
signoria   lordship, control
simpatia   liking
sindacalista   trade unionist
sindaco   mayor
sleale   underhand
smantellamento   dismantling
smercio   sale
smistamento   sorting out (mail etc)
smobilitazione   demobilisation
smorfia   grimace
snaturamento   change of nature, distortion
snaturare   alter nature
società   company (indus)
socio   member
soffermarsi   to stop, pause
soffiata   tip-off
sollecitare   press for
sollevare   raise
somaro   donkey
sommo   highest
sondare   to sound out
sopraffare   to overwhelm; to put down
sopraffazione   oppression
soprannome (m)   nickname
sopraprezzo   surcharge
soprastante   administrator
sopravvento, prendere il   gain the upper hand
sopruso   abuse of power
sorgere   to arise
sortilegio   spell
sorvegliatore (m)   overseer
sotterfugio   subterfuge
sottomettere   to submit
sottoposto a   subject to
sottostare a   submit to
sottrarre   to remove
sottrarsi   a   to get free of
soverchieria   outrage, oppression
sovvenzione (f)   grant
spacciare   to mistake for
spaccio   drug trafficking
sparare   to shoot
sparatoria   gunfire
sparo   shot
spartizione   division

spassoso   enjoyable
spavalderia   boastfulness, brashness, boldness
spedizioniere   sender
spelonca   cavern
spezzare   to snap
spiccato   outstanding, distinct
spiccio   abrupt, straightforward
spietato   pitiless
spocchia   conceit
spola, fare la   to shuttle
sportello   window; branch (of bank)
spostare   to move
spreco   to waste
spregiudicato   unscrupulous
sprezzante   scornful
spudorato   shameless
squadrare   to square
stadio   stage
stalla   stables
stanare   to flush out
stanziare   to allocate
statale (adj)   of the State
statuale (adj)   of the State
sterminio   extermination
stima   estimate; esteem
stoffa   material
strabiliato   dumbfounded
strada facendo   en route
strage (f)   massacre
strappare   seize from
straripante   overflowing
strato   layer
strisciare   to crawl
stringere   tighten
stringere alleanza   to form an alliance
strofinare   to rub
stroncato   struck down
strozzare   to choke
stupefacente (m)   drug
subappalto   sub-contract
subito   immediately
subito (p p)   endured, undergone
succube: essere succube di   to be dominated by
suddito   subject
suggestionare   to make an impact on
supplenza   substitution
sussurrare   to whisper; to spread rumours

svanire   to disappear
sveltezza   sharpness
sventare   to foil
sventato (adj)   unwise, rash
svignarsela   to clear off
svolgimento   unravelling, development

tacere   to stay silent
tacere, mettere a   to silence
taglia   reward; ransom; penalties
taglieggiare   to levy a tribute
taglio   cut, cutting
tangente (f)   bribe
tappa   stage
tardivo   tardy, late
tasso   rate
tatto   tact
tempra   temperament
tentennare   to waver
tenuta   estate
terriero   landed
tessere   to weave
tessitura   weaving   together
tessuto   fabric
testardo   stubborn
teste (m or f)   witness
testimone (m or f)   witness
testimonianza   evidence
testualmente   in these words
tetro   dark, gloomy
tinta   shade
titolare (m or f)   incumbent, owner
tizio   person (colloquial)
tonto   silly
tonto, fare il finto   to play the fool
tracciato   layout
tracimare   to overflow
tracotanza   arrogance
tradimento   betrayal
tramandare   transmit
tramite, fare da   act as go-between
tramite (prep)   by means of
trapelare   to leak out
trattato (n)   treaty
tratto   trait
trattore (m)   tractor
travolgente   overwhelming, disturb-
   ing
tregua   truce
tresca   (love) affair

tribunale   (criminal) court
tristo   wicked
tritolo   dynamite
truccato   falsified
truffa   swindle, fraud
tutela   protection

ungere (p p unto)   to grease; to oil
uninominale (collegio)   one-member
   (constituency)
urto   collision
utile (n m)   profit

valanga   avalanche
valente   estimable
valentia   excellence; prowess (Sicilian)
valenza   content
valevole   valid
valicare   to cross
valido   worthwhile
valore (m)   value
valore aggiunto   value added
valuta   currency
valutare   evaluate
vangelo   gospel
vantarsi di   boast
varo (legal)   approval
velluto   velvet
vendicare   to revenge
veritiero   truthful
versare   to spill; to pay (into bank)
vertenza   lawsuit; dispute
vertice   summit
vetrata   window
vicende (f pl)   ups and downs
vigente (adj)   in force
vigile (m)   municipal policeman
vigliacco   cowardly, disreputable
vincolante   binding
vincolo   bond
vite (f)   vine
vitto   sustenance
voce   voice; rumour
voto   vote; vow

zampa   paw
zanzara   mosquito
zappa   hoe

153